DIN ISO 29990实施指南：
教育与培训的质量管理

[德]尤根·赫尼（Jürgen Heene）等 著

香港确利达顾问有限公司 译

北京理工大学出版社
BEIJING INSTITUTE OF TECHNOLOGY PRESS

图书在版编目（CIP）数据

DIN ISO 29990 实施指南：教育与培训的质量管理/（德）尤根·赫尼等著；香港确利达顾问有限公司译 . —北京：北京理工大学出版社，2018.10

书名原文：Quality management for education and training – Guidelines for the implementation of ISO 29990

ISBN 978 – 7 – 5682 – 5957 – 6

Ⅰ. ①D…　Ⅱ. ①尤…　②香…　Ⅲ. ①职业教育 – 质量管理体系 – 国际标准 – 指南　Ⅳ. ①G71 – 65

中国版本图书馆 CIP 数据核字（2018）第 216738 号

北京市版权局著作权合同登记号　图字：01 – 2018 – 6544 号

出版发行 / 北京理工大学出版社有限责任公司
社　　址 / 北京市海淀区中关村南大街 5 号
邮　　编 / 100081
电　　话 /（010）68914775（总编室）
　　　　　（010）82562903（教材售后服务热线）
　　　　　（010）68948351（其他图书服务热线）
网　　址 / http：//www. bitpress. com. cn
经　　销 / 全国各地新华书店
印　　刷 / 北京地大彩印有限公司
开　　本 / 889 毫米 × 1194 毫米　1/16
印　　张 / 7.75　　　　　　　　　　　　　　　　责任编辑 / 刘永兵
字　　数 / 199 千字　　　　　　　　　　　　　　文案编辑 / 刘永兵
版　　次 / 2018 年 10 月第 1 版　2018 年 10 月第 1 次印刷　　责任校对 / 周瑞红
定　　价 / 99.00 元　　　　　　　　　　　　　　责任印制 / 李志强

翻译授权

本实施指南由 DIN Deutsche Institut für Normung e. V. 授权香港确利达顾问有限公司推出中文版。

香港确利达顾问有限公司 （QualiTech Consultant Co., Ltd.） 简介：

20 世纪 80 年代香港确利达创始人周志能、冯国荣师从质量管理之父约瑟夫·M·朱兰（Joseph M. Juran）博士，创立公司于香港，为中国大陆和香港、跨国企业提供专业质量管理体系 ISO 9000、BABT340、EN46000、EN71 等顾问服务，行业涉及教育、医疗卫生、电子信息、金融、餐饮和市政服务等领域。

香港确利达以追求业界信誉、卓越、创新为理念。累积有二十五年以上管理顾问经验，专注于 ISO 等管理体系的设计和推行，致力于协助组织以全面质量管理为基础提升其整体绩效，不断开发和引进国外最新的管理理念与方法，提供管理咨询、教育培训等服务。2002 获得 ISO 9001 认证；2013 年启动教育业 ISO 29990 顾问项目；2014 年确利达与德国 WIDIS 合作；2015 年获得 ISO 27000 信息安全认证；2015 年成为香港 VTC （职业教育局）合格合作方；2016 年成为香港考试及评核局合格合作方；2016 年获得德国教育服务认证机构 DeuZert 颁发的 ISO 29990 证书；2016 年成为香港理工大学合格合作方等。

香港确利达是 2015 中国首家通过 ISO 29990 认证审核的培训机构，同时，2014 年以授权的中文指南和自身应用的经验，率先为中国首家公办院校（广东中山火炬职业技术学院）和中国首家民办教育机构（广东创客行）提供 ISO 29990 顾问服务，积累了丰富的 ISO 29990 咨询项目管理经验和第一方、第二方和第三方审核员培训经验。

香港确利达服务和合作过的客户还包括：香港理工大学、澳门大学、IBM、西门子、中国银行、杜邦集团、英国石油公司 BP、联想、索尼等国内外知名企业或机构。

香港确利达顾问有限公司

地址：香港荃湾青山道公路 491－501 号嘉力工业中心 B 座 10 字楼 6 室

电话：（852）24080778；传真：（852）24082367

电邮：hkservice@qualitech.com.hk

1993 年约瑟夫·M·朱兰（Joseph M. Juran）博士与周志能、冯国荣合影

国际标准化组织教育委员会（ISO/TC 232）委员、德国标准化学会（DIN）教育服务委员会主席致中文读者：

国际标准化组织教育服务委员会（ISO/TC 232）制定的 ISO 29990 取得了巨大的成就。从此质量管理体系进入教育和培训领域，进而应用到中国大陆和香港的教育和培训领域。

香港以其在全球化中特有的地域优势，在全球政治、经济发展过程中的重要性不言而喻。香港确利达顾问有限公司自 2013 年接触 ISO 29990 标准，于 2014 年组织成员去到德国学习标准、培训审核员。2015 年 6 月获得德国标准化学会授予的《ISO 29990 实施指南》中文版权。随即应用标准于香港确利达，并推广到中山火炬职业技术学院、广东创客行教育。同时，致力于 ISO 29990 标准在中国传统中医诊疗领域的切合度研究。

我感谢中国教育部门、卫生界，特别是中国职业技术教育学会、广东中山火炬职业技术学院、广东创客行教育、深圳宝安中医院（集团）中医流派工作室、香港确利达顾问有限公司对 ISO 29990 在中国推广应用工作的支持。由此我有理由期待着标准在中国教育、卫生及更广泛领域的研究与践行，为全球经济、社会发展作出创新的贡献。

中文读者们在伟大的中国大有作为！中文指南的出版将因此显现其价值！

特此祝贺你们！

Jürgen Heene

2018 年 3 月 12 日

2016 年 5 月中国职业教育学会常务副会长刘占山与德国标准化学会（DIN）

教育服务委员会主席 Jürgen Heene 合影

To Chinese readers:

The ISO committee TC 232 has achieved a great success with the ISO 29990. Systematic quality management has found its way into education and training – now also in Hongkong and China.

For Hongkong and Chinawith its unique geographical advantage in globalization, in the process of global political and economic development, the importance is self – evident. Hong Kong Qualitech Consultancy Ltd started studying ISO 29990 standards in 2013 and organized trainings of Chinese and Hongkong auditors in Germany in 2014. QualiTech got authorization of the Chinese copyright for Guidelines for the Implementation of ISO 29990 from German DIN in June 2015, and then developed the application of this standard in Hong Kong Qualitech Consultancy company as well as promoted to the Zhongshan Torch Polytechnic and Guangdong Road to Maker Education & Technology Company.

At the same time, QualiTech is committed to research on the application of the ISO 29990 standard in the field of traditional Chinese medicine diagnosis and treatment.

I thank for the Chinese education department and health community, especially the Chinese Society of Vocational and Technical Education Institute, Hong Kong Qualitech Consultancy Ltd, the Zhongshan Torch Polytechnic, Guangdong Road to Maker Education & Technology Company, and Luipai TCM of Shenzhen Baoan Hospital of traditional Chinese Medicine's support for the promotion and application of ISO 29990 in China! Therefore, I have reason to look forward to the research and practice of standards in China's education, health and wider fields. Make an innovative contribution to the global economic and social development.

Chinese readers have a great role in great China! The publication of the Chinese guidelines for the implementation of ISO 29990 will show its value.

Congratulations to all of you!

Jürgen Heene

Member of ISO/TC 232

Chairman of the DIN Standards Committee Educational services

March 12, 2018

Jürgen Heene
Chairman

Standardisation Committee   phone   +49 3375 217 459 0
NA 159-02-04 AA   fax   +49 3375 217 459 19

Educational Services   e-mail   j.heene@deuzert.com
   Internet   www.deuzert.com

中文翻译和编辑委员会主要成员简介

编辑和翻译委员会成员：虢代良、周耀宗、邝嘉辉、熊宇、郭电华、洪忠、张伟、虢清波、尹艳、张瑾、王文兰、虢代强、钱伟才、吴琼、欧慧娟、尹卫娟、李赤专、程步锋、虢丽芳、罗丽梅

主要成员简介：

虢代良简介

虢代良 1986 毕业于湖南建材学校，1988 年起师从国家建材局陈博秘书长和山东省质协邱秘书长，并陪同两位秘书长考察和指导山东企业创国优、部省优产品和质量管理奖，推广 ISO 9001（GB/T10300 标准）。20 世纪 90 年代在跨国高科技电子产品企业任系统品质保证部高级工程师。后为英国 IRCA 的 ISO 9000/14000 主任审核员培训考试导师和见证审核员，IECQ QC080000 主任审核员培训和考试导师，原美国 RABQSA 中国代表，医药和医疗器械第二方审核员，BABT340 审核员，IATF 16949、VDA 6.1、VDA 6.3、ISO 22000、QC 080000、ISO 9001、ISO 14001 等体系审核员，代表欧美大企业执行 GAP、GMP 第三方审核；香港确利达首席顾问，ISO 29990 审核员导师考官。

周耀宗简介

周耀宗毕业于香港理工大学机械工程学系，之后攻读南澳大利亚大学工商管理硕士学位，继而在香港城市大学系统工程与工程管理学系进行研究工作并获授哲学博士学位。

周博士现任香港确利达顾问有限公司首席教育服务顾问，负责 ISO 29990 质量体系的推广及咨询工作。在做顾问工作前，周博士任职于高新科技公司高管三十年，负责高新科技制品的开发和生产，在产品开发、生产和质量改进方面有丰富的经验及为公司创造了辉煌的业绩。工作之余，周博士对教育下一代也不遗余力，他同时在香港城市大学、香港理工大学等大专院校做客座讲师。

周博士主要研究组织学习和学习型组织，在组织学习和学习型组织战略实施方面发表了多篇论文。近年他还在香港城市大学做特约教授，开展了德国工业 4.0 的研究。

周博士是香港工程师学会（HKIE）会员、美国工业系统工程师学会（IISE）资深会员、英国工程技术学会（IET）会员、香港科技协进会（HKAAST）资深会员、英国机械工程师学会（IMechE）会员、英国工程局（UK EC）特许注册工程师（CEng），也拥有国家一级企业培训师的资格。

邝嘉辉简介

邝嘉辉毕业于香港城市大学工业工程与工程管理学系，并取得哲学博士学位，研究范围主要为学习型组织及知识管理平台。毕业后任职于跨国高科技电子产品公司担任质量保证部工程师，负责质量体系（ISO 9000/ISO 14000/OHSAS 18000/ISO/TS 16949 等）与产线质量的管

控与维护、大中华地区的生产力与质量改善项目，后转大型制药公司负责项目建设与产线生产力提升等项目。在教育行业担任香港城市大学讲师。香港确利达顾问有限公司 ISO 29990 教育与咨询首席顾问。

熊宇简介

熊宇于 2004 年获得浙江大学电力电子专业博士学位，2006 年获得电气工程高级工程师证书，2016 年获得教授职称。熊宇曾任全国机械职业教育教学指导委员会新能源装备技术类专业教指委委员、广东省高职教育机电类专业教指委委员，现任中山火炬职业技术学院电子工程主任、中山市电机工程学会理事。

熊宇曾在重庆水务集团工作 7 年，在电力电子领域积累了多年的工作经验，以第一作者发表论文 29 篇，其中 EI 收录 5 篇，中文核心刊物 12 篇，主持横向项目 3 项，主持院级以上科研教研课题 6 项（其中省级课题 3 项、市级课题 3 项、院级 1 项），作为第一主研人员参与国家自然科学基金项目 1 项，获得授权的实用新型专利 2 项，获得第七届广东教育教学成果奖二等奖（2014）和第八届广东省教育教学成果奖一等奖（2018），获得中山市职业教育教学论文一等奖（2013）和中山市第三届自然科学优秀学术论文一等奖（2014）、广东省成人教育优秀科技成果优秀奖（2014）。

熊宇教授作为项目负责人，构建了基于 ISO 29990 的专业层面高职教育质量管理体系，并于 2016 年 10 月获得国内第一个 ISO 29990 认证证书，2017 年 8 月参加了 ISO 29990 审核员培训并完成了所有课程。作为 ISO 29990 研究专家，熊宇分别在广东职业教育学会主办国际职业技术教育管理体系标准专题研讨会（2018 年 5 月于广州）和清远职业技术学院（2018 年 7 月）举办讲座"ISO 29990 在专业与课程建设中的实践""ISO 29990 在促进专业与课程层面诊改工作的运用"。

郭电华简介

郭电华，高级教师，师范类专科毕业，教育管理类本科学历，曾从事基础教育教学工作和基础教育、成人教育、校外教育管理工作，并进行教育教学质量管理研究。2013 年开始研究质量管理体系，2015 年进行 ISO 29990 管理体系的学习和研究，多次与德国专家一同参与 ISO 29990 在中国的推广应用咨询和认证工作，为香港确利达 ISO 29990 管理体系高级顾问。

虩清波简介

虩清波，企业质量管理首席培训师，20 世纪 90 年代初师从虩代良学习质量管理体系，任国际知名食品企业华中区供应链总厂长二十多年，在 GAP、GMP、GLP、GSP 方面有丰富的工作经验，作为培训师对企业的教育和培训具有丰富的经验。

此中文版的出版还要感谢德国教育行业认证机构 DeuZert，中国职业技术学会的多位领导，香港确利达的创办人周志能、冯国荣，以及谢锦波、彭施霞、彭志枫、冯汉忠、刘炜良、深圳宝安中医医院副院长、广州中医药大学副教授、硕士研究生导师吴凡伟，湖南日报社虩筱菲，原深圳市金标通用李永江、钟志成、王月文、陈学军、黄介忠、康尧、杨小红、陈英飞、冯青松等。

为什么要推行 ISO 29990？

教育质量是职业院校的生命线，提高人才培养质量是职业院校永恒的主题，而教育质量管理体系（也称质量保证体系）将直接决定教育质量的优劣。教育部非常重视建立常态化的内部质量保证体系和可持续的诊断与改进工作机制。近几年，教育部先后出台了《关于建立职业院校教学工作诊断与改进制度的通知》《高等职业院校内部质量保证体系诊断与改进指导方案（试行）》《关于全面推进职业院校教学工作诊断与改进制度建设的通知》。各职业院校也把提升全面质量管理列为学校的重要工作，职业院校的内部质量保证体系建设工作受到了空前的重视，很多职业院校也在探索实施内部质量保证体系的诊断与改进工作并取得了一定成绩，但在实施过程中普遍存在（不限于）以下问题：① 先进的质量管理理念缺乏；② 学校层面质量保证体系在系统性、科学性和规范性方面不太完善；③ "五纵"实施"抓手"不够；④ "8字螺旋""落地"不实；⑤ 诊改工作简单地将"参考表"直接作为学校目标和任务，存在"任务式""考核式""文本式"情结。上述诸多问题的存在，使得职业院校的诊改工作难以取得突破性进展。

2018年1月，国务院颁发了《关于加强质量认证体系建设促进全面质量管理的意见》（国发〔2018〕3号），强调要积极采用国际先进质量管理标准，将国际先进质量管理方法结合中国实际加以改造，从而有效促进全面质量的提升。ISO 29990 是国际标准化组织（ISO）发布的全球第一套专门针对职业院校和教育培训机构的质量管理标准。该标准着重于教学和学习过程的管理，关注教育者及利益相关方的需求，将监控、评价、反馈作为管理循环的关键组成部分，注重学习服务提供者的能力建设，是专门针对人才培养过程的质量管理体系（ISO 9000 是针对制造业产品生产过程的质量管理体系）。ISO 29990 标准已经实施了从适用于制造业产品生产过程的质量体系转化为人才培养过程的要素转化。该标准倡导以学习者为关注焦点和以过程结果为导向的理念，直接关注学习服务本身的质量，目的在于提高全球职业教育和培训机构的人才培养质量，故非常适合于职业院校和培训机构。ISO 29990 可以与 ISO 9001:2008 以及任何继续教育的地方标准有效结合（如德国的 AZAV），也可以与我国的《高等职业院校内部质量保证体系诊断与改进方案（试行)》相结合。

ISO 29990 标准体系与职业院校的内部质量保证体系诊断与改进工作在理念、目标、方针、方法、文化等方面具有高度的一致性。

① 理念的一致性。二者具有相同的理念，诸如"过程管理""全面质量管理""持续改进""顾客满意""以学生为本""注重利益相关方的反馈""提高利益相关方对人才培养工作的满意度"，等等；

② 目标的一致性。ISO 29990 与职业院校的内部质量保证体系的诊改工作目标都是建立常态化自主保证人才培养质量的机制，构建具有较强预警功能和激励作用的内部质量保证体系，实现教学管理水平和人才培养质量的持续提升，持续提高人才培养质量；

③ 工作方针的一致性。ISO 29990 标准本身具备自我诊断、注重改进的机制，内含采用了需求导向、多元诊断的方法，这与《高等职业院校内部质量保证体系诊断与改进指导方案（试行)》"需求导向、自我保证，多元诊断、重在改进"的工作方针完全一致；

④ 方法的一致性。诊改工作中采用的"质量改进螺旋"与 ISO 29990 标准中采用的"PDCA"循环方法一致，"五纵"实施步骤与 ISO 29990 标准中采用的"需求分析——目标确定——标准设计——服务提供——实施监测——结果评价——反馈改进"的路线基本一致。

ISO 29990 标准作为一套结构严谨、系统全面、言简意赅、规定具体、操作性和通用性强的国际标准，还有以下特点：

① 该标准以学习者为关注焦点，强调"教育服务"的理念，认为学校的产品是教育教学服务；

② 强调以学生为本，关注学生个体差异及注重个性化的学习服务；

③ 注重教学和学习过程，以过程结果为导向，不仅关注过程质量，而且关注结果质量：学习过程的直接输出（毕业证书、职业资格证书）、迁移转换（付诸实践）、未来发展（能力提升、可持续利用）；

④ 强调提升教育的有效性与效率，要求学习服务提供者与时俱进，因应社会和环境的改变，而不停留于需方要求，及时改进教学方案以确保教育教学质量；

⑤ 强调学习服务提供者（教师、教学辅助人员）的能力建设；

⑥ 强调利益相关方在各个阶段（学习服务的设计、提供和交付监测）中的反馈、监控和评价作用；

⑦ 加强对学习服务提供者的管理，对资源、财务、沟通和风险以及整个管理体系引入企业化管理思维。

在当前我国经济社会发展模式转型、经济结构优化调整的宏观背景下，深入推进职业教育改革、加快现代职业教育体系的构建，提高职业教育质量水平，已经成为社会各界的普遍共识。国务院《关于加强质量认证体系建设促进全面质量管理的意见》中指出，要把质量认证作为推进供给侧结构性改革和"放管服"改革的重要抓手。为此，引入 ISO 29990 可以作为我国职业院校推进内部质量保证体系诊改工作的有力抓手，将 ISO 29990 标准与职业院校诊改工作的要求相结合，必将加快我国职业院校内部质量保证体系诊改工作的进程；此外，还为我国职业院校进行国际职业教育服务认证提供了契机，对我国职业教育的质量提升带来巨大帮助。同时，引入 ISO 29990 还具有以下意义：

① 适应高职教育国际化发展趋势的需要，有益于高职教育与国际接轨；

② 促进科学的职业教育质量观的形成；

③ 有助于全面质量管理思想的树立；

④ 促进职业院校人才培养质量的提高；

⑤ 是提升学校整体管理水平的最佳切入点，能促进学校管理水平的整体提高，提高学校的社会声誉和地位；

⑥ 有助于利用国际标准锻造职业院校品牌。

他山之石，可以攻玉。衷心希望我国职业院校能借助于 ISO 29990 标准构建一套系统、科学、规范的教育质量管理体系，让制度运行成为机制，让机制坚持成为能力，让能力升华成为文化，让文化自觉成为行动，推动我国职业教育行业迈向一个新的、追求高质量发展的阶段。

推行 ISO 29990 的收获与效果

一、学校层面的收获

通过构建并实施 ISO 29990 质量管理体系，实现了对教育教学质量的"过程控制"和"持续改进"，经过几年的运行，取得了显著的效果：

1. 推动了学院新型教育教学质量观的建立。树立了以顾客满意为目标的教育服务理念，增强了以学生为本进行全面质量管理的教育服务质量意识，采用了注重利益相关方的反馈、沟通协作和风险管理等方法。

2. 学院管理水平得到明显提升。做到工作讲程序，管理有依据，增加了管理的透明度，提高了管理的效率，使教学管理更加规范，后勤保障更加有效。

3. 促进了人才培养质量的提高。进一步健全了包括质量标准、教学实施、监控评价、反馈整改等环节组成的教学质量保证体系。

4. 建立了完整的质量记录系统，使工作有了可追溯性。记录作为质量文件进行控制，记录为内审、外审提供证据，也可为验证预防措施、纠正措施提供依据，这样也使工作都有可追溯性。

二、ISO 29990 在教学管理中的应用体会

1. 使学院教学管理整体运行更加顺畅。

2. 使学院教学管理迈向了规范化、科学化阶段。

3. 建立起了教学质量管理的持续改进机制。

4. 使服务学生体系更加完善，体现服务育人。

5. 使人才培养质量保证的社会影响逐步扩大，学院教学质量品牌效应初步显现。

三、专业建设层面的收获

1. 构建了基于 ISO 29990 的专业层面质量管理体系（系统、全面、科学、规范）。

2. 树立了基于 ISO 29990 标准的质量管理核心理念，推动了新型教育教学质量观的形成，如"教育服务""过程管理""全面质量管理""持续改进""顾客满意""以学生为本""注重利益相关方的反馈"。

3. 掌握并运用了多种管理方法，如"PDCA""SWOT 分析""乌龟图法""质量管理的八项原则""质量管理的十大工具"，提升了系部教学管理水平，做到了工作讲程序，管理有依据，增加了管理的透明度，提高了管理的效率，使教学管理更加规范，后勤保障更加有效。

4. 专业建设成绩斐然，人才培养质量明显提高。

熊　宇

中山火炬职业技术学院电子工程系主任

2018 年 7 月

医务工作者对 ISO 29990 广泛应用的体验推荐

我作为中国深圳宝安传统中医流派工作室的发起人、中医院（集团）副院长、2000 年参加医院的 ISO 90001:2000 的推进者、IRCA 早期的审核员，参加过医疗系统卫生防疫单位、医院的质量管理体系审核。感谢 ISO/TC 232 成员、德国标准化学会（DIN）教育服务主席在深圳的会见，感谢其团队的邀请学习标准的指南和沟通。我认识到 ISO 9000 是基于制造业者为建设好质量管理体系，来保证其产品质量的产生、形成和实现的全部过程的国际化标准化管理体系，不是产品的标准，也不是过程的标准，对我们服务业者，特别是与医疗卫生行业质量管理体系的建设有相当多的原则性差异。基于对指南的研究，我说几点看法与指南的读者和使用者分享，但愿起到抛砖引玉，为中国国家战略的实现，为中医走向国际化，弘扬中国优秀传统文化起到积极向上的作用。

标准分为两大部分，第一部分是讲学科建设、讲科室的技术性专业建设的 PDCA 原理与要求大纲，比如标准的 3.1 "学习需求的确定"，就是中国传统中医多维度辨证论治的步骤，要求从国家的战略层面开始，继而到区域地区性，再到求医问药者、求学者的个体特点，进行全方位、多维度的辨别，为因材施教、因人施医做准备。基于此，进入下一步 3.2，因人及不同的康复条件而制定系统的医疗方案，包括脉诊、问诊、艾灸方法、针刺手法、按摩推拿方法、中药经典处方的设计等传统中医系统性、有效性的诊疗方案。第三步，也就是标准的 3.3，让医生、护士团队按首诊主治医生的方案，分工负责实施治疗过程，当然标准有提示规定要求大家考量的要点、准则与精神。第四步，即标准的 3.4，提供医疗服务过程的全方位监控与督察，其精神是确保在医疗过程的实施中，方案得到有价值、有效果的施行。病人的状况得到及时反馈与交流，便于主治医生完全依据受医者反馈及时修改和因状态而调整治疗方案。第五步，即标准的 3.5，从要求评价者有能力做评价和确保评价公正性的这个角度，对总方案中的治疗效果进行全面的评价，可以确保各专业科室的医技检查结果、中医文化的人体和诊疗效果被社会广为接受并持续提升。

标准的第二部分对医院各行政部门如何进行国际标准化要求的体系建设提出了十大要求，相当于十个小的 PDCA 对一线的专业性科室支持进行了原则上的规定。比如 4.6 "人力资源管理"部分条款，明确规定了管理系统的原则、准则、逻辑思维和精神，也有细节性的描写。这第二部分属于管理系统服务性的指南，确实从全球各个国家都可依此推动的高度，系统化、标准化地提出要求，特别适合传统中医流派工作室去完善整理中医药宝库里的先进医学技术并用于现代社会，做好全院行动支持，助中医国际化、标准化。如标准的 4.6.1，医院的行政办公系统按照国际标准要求进行支持的专业科室医生团队及其合作者的能力要求。标准的精神很好，比如医生开出的经典处方到中药房的管理系统是否符合规定，进入药房的供应链是否符合规定，重要的是中药饮片是否符合 GAP（《中药材生产质量管理规范》）条件，患者煎药或者医院的代煎过程是否符合 GMP（《药品生产质量管理规范》）等。

总之，标准是全面地讲医疗全过程管理系统，不讲某个病种、某个治疗方案、某个中药处方，但我们看到了传统中医流派和优秀中医文化的国际化标准精神。

吴凡伟

深圳宝安古中医学的发起人，宝安中医院集团副院长，

中医流派工作室主任，广州中医药大学副教授、硕士研究生导师

2018 年 6 月 12 日

2018 年 3 月深圳宝安古中医学的发起人、宝安中医院（集团）副院长、中医流派工作室主任、广州中医药大学副教授、硕士研究生导师吴凡伟与德国标准化学会（DIN）教育服务委员会主席 Jürgen Heene 合影

ISO 29990 助力中国教育走向国际化

"为未知而教，为未来而学！"教育的根本目的是培养适应未来的人才。现阶段中国正在努力建设创新型国家，实现中国制造到中国创造的产业升级，教育作为培养引领产业技术和发展的高素质人才的事业，是推进经济提质、增效、升级的战略选择，人才培养已成为国家经济发展的重要环节。创客教育（STEAM 教育）是素质教育的实现途径之一，也为中国创新人才的培养贡献极大的力量。作为中国创客教育的先驱实践者，广东创客行教育科技有限公司在引进和推行 ISO 29990 国际教育质量管理体系的过程中，深刻感受到规范化和标准化的管理体系对于教育机构的重要意义。

广东创客行的创始团队成员均在大型制造企业有着超过 15 年的管理经验，之前也接触过 ISO 9000 体系。深入学习 ISO 29990 体系精神和内容之后，我们发现 ISO 29990 的标准完全不同于 ISO 9000，后者更适合制造型企业应用，是在保障产品质量的过程中去实现的一套全过程的标准化质量管理体系，而对于教育型企业来讲，可以参照的内容很少。因为教育产品不同于其他的产品，它是一种更加多样化、个性化的产品，是不可以通过"流水线"来复制的。基于这种特殊性，教育企业非常需要一套专门的、专业的质量管理体系来参照。在此，作为一个有中外企业工作经验、深谙内地与香港两地教育差异性的广东创客行团队，谈一谈 ISO 29990 对教育界和人力资源界的教育培训质量管理的价值，谈谈我们的体验。

广东创客行是中国第一家获得 ISO 29990 国际教育质量管理体系认证的民营教育企业，能获得此认证是基于创客行团队对于标准内涵的准确理解，而能做到这样，首先要感谢德国的 DIN 团队主导研究发展出这个国际标准，让我们有章可循；第二要感谢香港确利达顾问团队的指导，确利达不愧是老牌公司，技术力量强大，创新能力强大，一直在经济发展中向有需要的组织提供解决方案；第三要感谢中文标准和指南的策划者对广东创客行一路的鼓励、鞭策和支持。

我们通过 ISO 29990 质量管理体系的策划、创建、体验、运行与评审体系的过程，特别是获得认证后市场和相关方对我们的高度评价和反馈信息，可以负责任地说：ISO 29990 标准可以广泛应用于各类教育培训机构，是一套适用于学习服务提供者（LSP）的教（Teaching）、学（Learning）、服务（Service）和管理（Management）全过程的质量管理体系，是基本要求，更是最高标准。ISO 29990 标准从专业技术建设和对此支持的 LSP 组织建设两个大方向进行规范化和标准化，同时，标准内容更适合于教育界、医疗卫生界，以及其他的服务业界。例如标准第三部分讲到学习服务的质量管理，从学习需求的确定到学习服务的设计，再到学习服务的提供、交付的监测及评价，是一个完整的 PDCA 流程循环，并能让 LSP 做到坚持以终为始的目标导向，持续改善，交付出真正满足顾客需求的学习服务产品。另外标准 4.5 讲到财务与风险管理，不止是用宇宙观去看 FMEA（潜在失效模式及其影响分析），还有相关方的概念，角度更广，更有价值和现实意义。标准 4.9 "内部审核"条款，也是提倡运用生命周期的概念和精神去规定内审周期，如高职院校应该是以 36 个月为至少期限，而小学 6 年制教育的学校则应该是按 6 年去系统地策划内部审核。

总之，我们很感谢虢代良先生，感谢香港确利达顾问有限公司的专家团队从理论、思想、逻辑性和标准的编写原则等方面构建宏观层面的体系思维导图，给我们提供辅导和支持，使我们受益匪浅。ISO 29990 国际标准的广泛应用对实现中国伟大复兴的各项政策，对国家的一带一路倡议，对在党的十九大精神指引下，落实教育改革，适应社会经济发展，都有着重要的意义。我们期待读者、标准应用者在我们经验的基础上更多地研究与实践，相互提升，为中国教育走向国际化、为实现中国梦而贡献力量！

蒋睿芝、汪文玲

广东创客行教育

2018 年 6 月 21 日

德国标准化学会原作者简介

Thomas Rau 博士（编辑）

RKW Berlin GmbH、德国生产力和创新中心项目负责人；ISO/TC 232 委员会主席，该委员会工作组代表和专家；DIN 教育服务特别工作组（NA 159 – 02 – 04 AA）代表；EOQ 审计师和 EFQM 评审员。

Jürgen Heene 先生

德国认证教育及商务有限公司（DeuZert）执行合伙人；ISO/TC 232 委员会委员，该委员会工作组专家；DIN 工作委员会"教育服务"（NA 159 – 02 – 04 AA）委员会副主席；高级评审员。

Karsten Koitz 博士

EuroNorm GmbH 所有者和管理者；PAS 1037 专家开发团队的领导者；ISO 9001、PAS 1037 和 AZAV 标准的高级审核员和顾问；DIN SPEC 77224、EFQM 顾问和教育管理专家顾问。

Manfred Schmidt 博士

SIKOS GmbH 执行总裁；ISO/TC 232 委员会代表，ISO/TC 232/WG2 的召集人，该委员会其他工作组的专家；DIN 教育服务特别工作组（NA 159 – 02 – 04 AA）成员；ISO 9001、ISO 17021 和 AZAV 标准的高级审核员和顾问；人力资源专业质量评估测试员，人力资源和德国认证认可机构（Deutsche Akkreditierungsstelle，DAkkS）专家顾问委员会成员；德国工商会和商业教育特别工作组成员。

Peter Schönfeld 博士

结构政策和业务发展协会—Institut für Strukturpolitik und Wirtschaftsförderung gemeinnützige Gesellschaft mbH 项目负责人。

Axel Wilske 博士

教授，Wilske 和 Schliecker 博士管理和人力资源咨询公司主要合作伙伴；德国和东欧中小型公司管理和人力资源管理领域顾问；职业发展教练；QM STAGE – MODEL PAS 1037 顾问。

作者团队感谢所有支持 DIN ISO 29990 工作的人员，特别是在过去几年中管理 ISO/TC 232 委员会秘书处和第一个工作组的三位司长：Holger Mühlbauer 博士、Claudia Laabs 博士和 Herr Stefan Krebs 先生。

同时，我们感谢柏林州和勃兰登堡对标准开发的贡献，特别是柏林州参议院的一体化、劳工及福利局妇女和勃兰登堡劳动部，社会事务、妇女和家庭部做出的贡献。

德国就业机构寄语

"教育和培训质量管理"是 ISO 29990 标准及其实施指南的内容和主题。

国际标准 ISO 29990 是 ISO 国际标准化组织技术委员会（ISO/TC 232）的一项巨大成就——它规范了教育和培训界的质量管理。

到目前为止，只有德国存在的唯一类似标准，是根据社会安全法规第三册（SGB Ⅲ）以及相应的"认证和授权规则——职业开发"（AZWV）制定的关于职业开发国家资金申请评价的标准。然而，这一标准仅仅是求职者为寻求获得国家职业开发教育资金制度实施资助的必要前提。

尽管如此，AZWV 还是具有质量管理体系（QMS）的典型特征。除了质量管理体系的一般要求之外，还需要额外对职业开发的措施与当前就业市场的相关性及其成本效用进行评估测试，包括对培训提供者是否有能力使学习参与者在其接受学习服务后能够满足劳动就业所需的要求、SGB Ⅲ 77 部分的规则及后面内容的知识要求，特别是 SGB Ⅲ 的 84 和 85 部分。

除了这些根据就业市场政策的具体要求制定的法律规制之外，教育和培训领域还没有其他适用标准。

在教育和培训领域，仅能发现少数几个组织勉强应用 ISO 9001 建立质量保证体系。然而，ISO 9001 标准主要适用于工业生产领域，并没有考虑运用于教育领域的一系列质量管理的特色要求。

如今，ISO 29990 标准有效地填补了这些空缺。与其他质量管理体系相比，ISO 29990 标准更明确地针对教育领域的学习服务情况，并且远远超出了其他"经典"质量管理体系（组织、管理、人力资源、监控、评估）的一般要求。因此，该教育学习服务标准具体的要求，更加适合于教育和培训领域的学习服务、学习服务提供者去建立、完善和持续改进其学习服务的质量管理体系。

ISO 29990 标准特别提供了以下内容：

- 范围和定义。
- 明确说明了特定顾客（学习者、企业、赞助商）的需求。
- 定义了学习内容和学习过程，并规定了教育方式。
- 必须进行学习服务和学习服务提供者的能力评估。
- 管理针对学习服务的教育内容展开。

我祝愿 ISO 29990 标准能够顺利实施，并衷心祝贺作者（们）的努力取得成果！

Kurt Berlinger

联邦就业机构认证单位（Bundesagentur für Arbeit）负责人

缩写词列表

AZAV——促进就业的识别和授权的章程（德）

AZWV——专业发展的识别和授权的章程（德）

DeGEval——德国评价学会

DIN——德国标准化学会

FMEA——失效模式及影响分析

GATS——服务贸易总协定

ISCED——国际教育标准分类

ISO——国际标准化组织

ISO/TC——国际标准化组织/技术委员会

LSP——学习服务提供者

OECD——经济合作与发展组织（经合组织）

PAS——公共可用规范

PDCA——策划、实施、检查、处置，持续改进的循环

QMS——质量管理体系

RKW——德国生产力和创新中心

SWOT——优势、劣势、机遇与风险分析

UNESCO——联合国教科文组织

WCAG——网页内容可访问指南

WTO——世贸组织

DIN 29990——ISO 29990

目　　录

1 服务标准和管理体系——特征、来源、范围和优势

1.1 特征

  ISO 29990:2010 是一套描述教育和培训领域的质量管理体系标准，其主要精神和逻辑是引导大家注重学习过程和学习过程的改进[6]。该国际标准面向教育工作者、学习者、顾客以及其他与成功学习成果相关的利益相关方。教育和培训的学习服务、学习服务提供者的质量管理国际标准具有以下卓越的重要特征：

  ——服务和管理标准的双重性，使面向学习、学习服务的核心流程进行开发。学习服务提供者们（LSPs）以及他们的顾客在使用相关流程时会领悟到一个比一般体系更有效的质量管理体系的必要性和优势。

  ——该国际标准是一个按照 PDCA（策划—实施—检查—处置）循环开发的过程性标准。

  ——应用针对学习服务提供者的开发和组织，在其所有领域以一体化导向综合的方法进行质量开发和保证。这种系统性方法主要面向认识、了解、领导和指导过程，这些过程相互依存，帮助学习服务提供者达到有效的目标。

  ——参与是一项基本的、综合的要素。它首先适用于教职工、合作者及学习服务提供者的其他人员，包括学习者和其他利益相关方。

  ——通过内部审核进行质量监控，扩展到对学习、学习服务和学习服务提供者的能力的评估。在这个过程中，更加强调了质量保证和自我评估的内部机制的重要性。

  ——对教职工、合作者和其他学习服务提供者人员的能力的传授、保持、开发和评估是核心要求。

  ——该质量管理体系符合国际标准化组织对一般管理系统（A 型）的要求，并且达到了最高水平[9, p. 7]。

  ——质量管理体系以简练的语言定义了对学习服务提供者的最低要求。满足这些要求，则可以保证足够的质量水平，过度规范反而会起到反作用。

  ——该国际标准具有很大的灵活性，可以根据学习服务提供者的具体要求，附加质量条件或基准进行调整。

  ——采用教育方面的国际标准定义，如"课程"或"利益相关方"，同时统一学习方法的一致性，以及学习服务提供者对过程的贡献。

1.2 来源

  在过去数年间，质量问题在不断地动态增长。市场由供方驱动向需方驱动转变，以适应国内、国际经济发展和国际格局变化。许多国际组织，例如联合国教科文组织（UNESCO）和经合组织（OECD），都将它们的注意力转移到了拥有它们授权的教育领域的质量保证上。世贸组织（WTO）宣布将教育作为服务贸易总协定（General Agreement on Trade in Services，GATS）国际服务贸易的 12 个主要领域之一。在此背景下，教育服务的透明性和具有可比性的国际标准的必要性就被突显出来。自从《哥本哈根宣言》之后，欧盟加强了对教育的投入，加强措施一直在

持续，并且涉及其他国际和区域组织。随着服务业发展的大趋势，教育领域的标准化受到关注。

自从千年之交开始，许多国家都出现了在市场上采用更加准确的定位需求。该过程带来的挑战，包括保证更高的质量、更具透明度、以客户为焦点等。质量管理是解决这些挑战的重要工具。在十年之前，暴露出了国内和国际都没有关注教育服务提供者的具体需求及其质量管理体系的问题。因此，德国出现了大量的在德国标准化学会（Deutsche Institut für Normung，DIN）职权范围之外的教育领域质量管理体系，大多数体系都能体现最高水平的要求。在其他国家以及整个欧盟，存在同样的发展趋势。

一方面，越来越多的学习服务提供者使用质量管理体系（质量保证体系），以及合格的学习服务提供者数量的增加，是事实，也是一种进步、一种积极的发展趋势。另一方面，没有进行外部认证的多元化体系的出现，导致学习服务提供者及其教育产品缺少透明度和可比性，造成了所需的质量水平的下降和国际标准约束力的减弱。

在此背景下，DIN 自主开发了一个只针对教育领域的国际质量管理体系。该质量管理体系的基础为质量管理阶段模式（QM STAGE – MODEL），DIN 将其作为 PAS 1037：2004[10] 发布，并完全按照原文没有作任何更改。DIN PAS 1037 是根据许多学习服务提供者和教育质量管理体系领域专家的实际经验而制定的，因此它适用于教育领域。此外，该体系采取了最高的实践水平，因此，该体系同样符合管理体系的相关 ISO 规定。然而，DIN 的目标并不是草率地将 DIN PAS 1037 作为一项 ISO 标准发布，从而简单地将新质量管理体系附加到许多现存的质量管理体系上。相反，DIN 意在制定一项建立在现存国内和国际教育质量管理体系经验基础上的、可以达成广泛共识的国际标准，并将其继续发展下去。

带着这一目标，DIN 于 2006 年年初成立了一个关于教育服务的特别工作组（Arbeitsausschuss Bildungsdienstleistungen）（NA 159 – 02 – 04 AA），负责整理国内、欧洲和国际存在的所有教育服务标准化建议。在特别工作小组的提议下，DIN 提出了制定 ISO/TC 232 "职业教育和培训学习服务" 的要求，并提出了在 DIN PAS 1037 的基础上，开发一个质量管理体系的提议。这两项提议都得到了其他国家标准化组织强烈的和积极的响应，并将委员会的秘书处委派给了 DIN。

2007 年年初，ISO/TC 232 发布其工作内容，并且成立了一个由教育工作者、设计人员、科学家和专家组成的国际小组，开始开发新的教育服务国际标准。经过三年的努力，建立了一个在学习服务提供者们（LSPs）及其顾客进行教育策划、开发和传递的一般参考基准，增加了专业实践和服务传递的质量模型。该标准毫无疑义地被各国家标准化组织共同采用。

1.3　范围

范围目标是使国际标准的范围在不侵犯每个国家主权的情况下尽可能扩大。国际贸易组织在服务贸易总协定（GATS）内选择了类似的程序，其行使权力排除了教育服务部分。

该国际规范特别重视在开放型市场中竞争的组织，这些组织希望应用管理标准提高其质量和成本效率。此外，它们还需要一个质量认证标准。现在，除主要教育服务之外，出现了越来越多的专业培训服务也有此需求。

尽管特别工作小组达成了广泛和一致的意见，但是不同国家对教育的大量不同定义阻碍了对通用定义的探寻工作。最终采用了联合国教科文组织（UNESCO）国际教育标准分类中的 "non – formal"（非正规学习）定义[33, P. 41]。根据这个定义，职业教育包括所有不属于通过认可的正规部门的小学和中学学历水平，以及本科和研究生学位的有组织的教育活动。这一定义与德国的 "教育和培训" 定义基本一致。

此外，联合国教科文组织（UNESCO）定义还被用来命名该国际标准化组织（ISO）委员会，以更好地表达终生学习的重要性，ISO/TC 232 将其命名"教育服务"更改为"职业教育学习服务"。无独有偶，ISO 29990 使用"学习服务"一词替代了"培训"一词，以将重点转移到学习者和学习结果上，强调学习服务的全面性。该国际规范将学习服务定义为学习本身，以及对学习的支持和指导。

ISO/TC 232 的"范围"明确规定了与正规教育部门相关的透明度问题，以使其可以在这些部门中应用。从这一方面来看，政府权力行使中的教育服务不代表这些部门的机构不可以使用 ISO 29990。虽然 ISO 29990 主要是为组织培训以及所有形式的继续教育编制的，但是同样可以在小学、中学和高等教育机构中应用。

学习服务提供者包括大型教育服务提供者和个人公司，例如兼职培训师。标准中应该将这种情况考虑在内。其中大型教育机构自然会起草一份详细的经营计划。然而，对个人公司提出相似的要求就不合理了。对于个人公司，一份简单的经营计划就可以满足要求。因此，详细的经营计划的要求参考标准的附录，主要切合点如下：

"在实施该国际标准的过程中，学习服务提供者应按照公认的经营计划惯例，起草一份经营计划并存档。附录 A 概述了一份经营计划的常见内容。该经营计划应该包括战略和经营目标，作为对经营结构、主要过程和学习服务提供者质量方针的说明。"

学习服务提供者和审核员可以采用合适的管理和评估方法。

1.4　优势

教育质量的标准化，目的是使其过程的质量和结构可测量，这是优化学习过程和使学习服务更加透明和易于选择的先决条件。想要从质量保证转变到系统质量开发，必须开发质量管理标准。

质量管理的重要性源于质量标准对知识、技能和能力传播的积极影响，另一方面是由于知识的需求来越成为成功的商业管理的重要因素。终生学习和职业开发已经成为影响竞争力和为未来准备的关键方面。而企业需要面对新知识传播形式带来的更短的创新周期和知识周期的挑战。

提供职业开发的目标在于提高企业的竞争力，因此，企业培训必须面向企业需求，定制型学习产品可以保证这一点。定制型学习产品不仅可以面向企业的需求，还可以面向个别人员的需求。标准化的成果水平评估、需求分析，在保障继续教育和质量保证的持续适宜性中起到了重要的作用。最终，教育学习产品和教育学习服务的质量，同样会决定教育服务提供者的产品是否会在市场上取得成功以及其成功的程度。

个体学习的要求更高地符合并且超越商业要求的质量保证，以更有效地支持和保障终生学习过程。

对于学习服务提供者的优势

——以学习者和其他相关顾客的需求为导向。

——优化过程（PDCA），并且促进整个组织的持续发展进步。

——明确地定义各过程和将过程文件化使其具有透明性，减少在职工和责任发生改变的情况下学习服务的波动。

——减少过失的数量和频率。

——开发和验证内部质量保证能力。

——可以证明执行教育服务的行为准则和合同责任。

——能力开发和发展。

——激发人力资源与促进人员积极参与。

——促进教育服务国际化。

——满足不同国家的认证要求。

——该标准可以作为其他子标准的基础（如语言教育、远程教育）。

对于学习者的优势

——更加清楚，学习服务提供者服务的透明性、可比性。

——学习服务提供者不仅在国内透明可比，甚至在国际也透明可比。

——更加了解学习服务产品的可靠性，以及加强对学习服务提供者的信任。

——更加了解学习服务的评价标准。

——优化学习过程。

——改善学习环境。

——学习资源开放，包括确保教员具有足够的能力。

对于公司的优势

——提高学习服务提供者内、外部培训课程的可比性。

——公司内的新型学习结构在学习服务提供者参与情况下，得到长期发展。

——使教育设施、公司以及/或学习者之间更加融合。

——教育将越来越被视为一种竞争性服务。

对于合同方（职业中介，国内和国际组织的捐款方等）的优势

——定义通用要求。

——可比性。

——合法合规。

对于国际合作的优势

——通过通用标准/通用质量条款得到相同的质量基准。

——透明竞争。

——国际可比的质量标准。

——形成更加严格的国际教育合作具体要求的基础（例如德国生产力和创新中心的质量指南（RKW Berlin 的 QUALITY GUIDELINES[28] and iQcheck[22]））

2 质量管理的决定性成功因素，包括参与方法和注重学习过程

2.1 参与方法

两种途径的参与方法是关键的成功因素：第一，学习者和其他学习服务相关方的参与；第二，教育组织中质量管理有关的教职工和合作者的主动融入。

在 ISO 29990 标准中，学习者和其他与学习结果相关的人员参与非常重要。引言中提到，该标准是学习服务提供者们（LSPs）及其顾客策划、开发和交付教育和培训的公共参考点。它针对不同的顾客群体和他们的特殊要求，一方面考虑到了学习者的具体想法、愿望和兴趣，另一方面顾及了教育投资方和其他相关投资方的各个决策者。

相关方的参与包括需求的确定，顾客兴趣的考虑，根据需求对学习过程进行改进，学习服务的监控、评估以及利益相关方团体的外部交流和反馈。

特别是该标准的子条款 3.1.2"相关方的需求"讨论了资质分析，利益相关方团体对于学习服务的转化的特殊目标、愿望和要求，个体需求以及学习转化的必要性的分析，这些相关方都需要参与。该条款申明，这些讨论结果应包括在学习服务的协议中。标准的子条款 3.1.3"学习内容和过程"要求将学习内容和学习列入所有利益相关方的学习者、组织或团体的需求中，关注特定目标群体，利用可用方法和可得信息规划学习内容和学习过程（例如必备技能、对学习者的特定要求）。标准的子条款 3.2.2"规范学习转化的支持和监测的方法"要求学习服务提供者在规划怎样学习时得到便利和支持，考虑相关方，以对学习转化进行适当的评定、监控、评估和存档。标准的子条款 3.2.3"教学方案策划"要求学习服务提供者必须明确规定相关方以及学习服务提供者自身在交付学习服务、评估和监控学习转化时的角色和责任。

因此，ISO 29990 特别强调相关方的参与。这种以问题和需求为导向的学习产品开发对于学习服务提供者及其顾客来说绝对是一个挑战，顾客有时无法明确表达他们的学习需求和目标。因此，在该标准中与相关方进行积极主动的沟通尤为重要。

在 ISO 29990 标准中，对教职工和合作者的参与进行了规定，他们有责任实施标准的个别要求。此外，该标准描述了他们要参与组织发展、质量管理，尤其是学习服务提供者的质量方针的实施。重要因素包括参与人员全面了解质量管理体系的目标、在开发之初实施的方法，以及他们从开始选择质量标准到质量管理体系开发的全过程规定。同时，他们还应能够使用这些文件，并参与日后的持续改进活动。

必须采用目标导向的方法，激发和促进积极参与。同时，必须建立一个积极参与的通用框架才能实现此目标。这种方法源于以下经验，即一个教育组织的质量开发只有在其工作者支持它的情况下才会成功。如果一个质量管理参考模型想要达到综合效果（例如组织及其绩效的持续改进），参与者尤为重要。

ISO 29990:2010 除了一般质量方针外，还包含以下关于人员参与的规定：

——最高管理者应对本国际标准承诺。（标准的子条款 4.1"管理的基本要求"）

——具有 ISO 29990 应用和符合的记录文件。（标准的子条款 4.1"管理的基本要求"）

——在适当的情况下，LSP 必须实施一个系统，以便对其可能产生直接影响的问题和合作方建立双向沟通渠道，并促进双向沟通。（标准的子条款 4.7"沟通管理（内部/外部）"）。

——学习服务提供者应该促进职工和合作者之间的非正式沟通。（标准的子条款 4.7 "沟通管理（内部/外部）"）。

——学习服务提供者必须将审核结果告知区域负责人。（标准的子条款 4.9 "内部审核"）

——收集来自工作人员及合作者对其激励情况和工作满意度的反馈。（标准的子条款 4.6.2 "学习服务提供者能力、绩效管理及专业发展的评估"）

——学习服务提供者应策划和文件化，怎样将合作者要求融入其负责的工作中。（标准附录 A（资料性附录）"经营计划的内容"）

ISO 29990 的引言宣称，该国际标准主要关注学习服务提供者的能力。条款 4.6 "人力资源管理"详细地规定了能力要求。事实上，教员的能力作为评估教育服务提供者的一项指标，已经开始在整个院校以及学习产品评估中起作用。包括职工和合作者之间的参与和合作，以及对他们能力的利用和开发。针对这一目标的规定如下：

——标准的子条款 3.1.2 e）：结合需求分析，确定能力要求。

——标准的子条款 4.6.1：人员能力（应用主要能力的工作描述）。

——标准的子条款 4.6.2：学习服务提供者能力评估（根据工作描述，进行能力评估；程序和反馈评估；激励/工作满意度；职业发展；可靠信息）。

2.2　过程定位和结果

学习过程的设计是 ISO 29990 主要关注点之一。

图 2 - 1 所绘循环对应 ISO 29990 中的 "学习服务" 一章。这一章及其要求被放在该部分的开始位置，以强调学习过程的重要性，引起学习者和顾客的注意。这些部分相互贯通，形成了一个可以持续改进的过程。

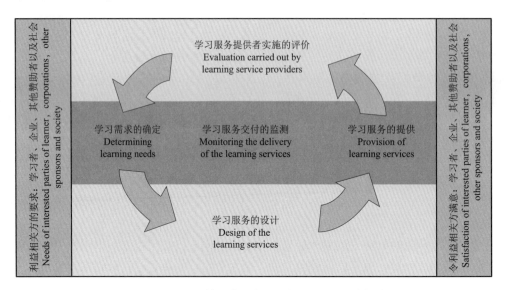

图 2 - 1　ISO 29990 第 3 章，学习服务的过程导向循环模型

该标准的两个主要部分确定了对达到的质量评估的相应要求。

"学习服务提供者的管理" 一章主要关注输入质量（见图 2 - 2），特别是对人员能力的评估，是确保雇用到合适的人力资源或学习服务商的重要前提条件。在院校对能力获取的要求越来越差异化的背景下，这是学习过程质量的重要绩效指标。针对其他资源的条款同样是学习过程的重要输入。

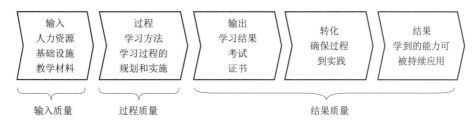

图 2 - 2 输入、过程和结果质量

在"学习服务"一章中，所要求的质量评估主要集中于过程和结果质量。反馈作为教学过程的反映，是建立有效的学习过程不可或缺的要求。它是教员和学习者沟通过程的固有组成部分。此外，还包括期中测试和其他形式的表现评估。对于学员的表现进行确认的期末测试要简要，通常是对学习内容的简单应用。测试对于多种资格认证至关重要，但它们并不一定反映出在特定情况下充分应用所学知识的能力。

如今，学习者在教育和培训结束后，得到实践中可以应用的能力，这一点非常重要。我们如何通过学习转化将学习内容与实践相关联？输出管理是关于转化和结果的效果管理。学习到的内容需要以实践为导向的知识应用，以及客户的反馈和客户满意度的评估。

标准的两个主要部分分别要求具体的控制机制和评估。然而，通常情况下，教学或学习过程的结果只能由顾客在对结果的实践应用过程中确定。对结果的综合评估会提供三个主要领域的必要评估和管理信息，这三个主要领域要求满足终生学习的新挑战，因为这一挑战越来越成为日常商业生活中的因素。该评估是学习服务提供者的管理、教员以及学习服务本身持续质量改进的前提，也是教育领域质量管理体系的最重要的条件。

学习服务提供者的责任不是即时的，不在于学习结果（输出），而在于对学习过程（结果）的实践和相关应用。因此，该标准考虑到了转化过程（标准的子条款 3.2.2）以及结果质量（3.1.3、3.2.1、3.2.3、3.4、3.5.3 和 4.10）。这一点尤其适用于可以承担精确的需求确定和与合同方的目标协议的情况下，例如公司内部培训。

继续教育的结果及其带来的效益基于三个问题：该培训是怎样建立在人员的现有知识基础上展开，或培训是怎样致力于他们的行动？培训是怎样针对组织需求定制并与实践结合？学习到的内容是怎样成功转化到工作场所？因此，质量保证意味着教育服务提供者和公司或学习者之间的最紧密的合作。而该标准则是用来保证这一点的。

3 ISO 29990 原文

国际标准

ISO 29990

INTERNATIONAL

STANDARD

第一版

First edition

2010 – 09 – 01

Learning services for non – formal education and training – Basic requirements for service providers

职业教育与培训的学习服务
——学习服务提供者基本要求

Services de formation dans le cadre de l'éducation et de la formation non formelles – Exigences de base pour les prestataires de services

IReference number
ISO 29990:2010 （E）

ISO 2010

目   次

Contents

前言 Foreword

ISO 29990:2010《职业教育与培训的学习服务——学习服务提供者基本要求》在中国有等同的标准 GB/T 26996：2011。

ISO 29990:2010（Learning services for non-formal education and training - Basic requirements for service providers）is equivalent to standard GB/T 26996：2011 in China.

本国际标准的翻译是基于 ISO 29990:2010 原文，结合大中华区广泛的用语习惯、以前推进其他体系标准的经验，本培训资料由香港 BIG/QualiTech 组织发出，版权属于香港确利达顾问有限公司，翻印必究。

The translation of this International Standard is based on ISO 29990:2010, and linked with the Big Chinese Culture and Experience in implementation of many of management system standards, the training material of the International Standard was issued by Hong Kong BIG/QualiTech, copyright belongs to Hong Kong QualiTech Consultancy Ltd. all rights reserved.

在本技术规范中，"应"（shall）表示要求。"应该"（should）表示建议。标有"注"（NOTE）的段落是理解或澄清相关要求的指导性解释。"示例"（Example）表示领悟情况。

In this Technical Specification, the word "shall" indicates a requirement. The word "should" indicates a recommendation. Paragraphs marked "NOTE" are for guidance in understanding or clarifying the associated requirement. "Example" is for understanding of the situation.

本 ISO 29990 中文标准由虢代良、邝嘉辉、周耀宗和尹艳主持翻译；香港确利达顾问有限公司组织评审。

This Chinese ISO 29990 standard was translated by Mr. Dailiang GUO, Dr. Karfai KWONG, Dr. Yiuchung CHAU and Ms. Yan YIN; reviewed by Hong Kong QualiTech Consultancy Ltd. .

香港确利达顾问有限公司开发了 ISO 29990:2010 顾问系列资料。

Hong Kong QualiTech Consultancy Ltd. developed the ISO 29990:2010 consultancy materials.

香港确利达顾问有限公司

地址：香港荃湾青山道公路 491-501 号嘉力工业中心 B 座 10 字楼 6 室

电话：（852）24080778

传真：（852）24082367

电邮：hkservice@ qualitech. com. hk

HONG KONG QUALITECH CONSULTANCY LTD.

Address：Unit 6, 10/F, Block B, Hi-Tech Industrial Centre, 491-501 Castle Peak Road, Tsuen Wan, N. T. , Hong Kong.

Phone：（852）24080778

Fax：（852）24082367

E-mail：hkservice@ qualitech. com. hk

引言 Introduction

　　本国际标准旨在为学习服务提供者（LSPs）及其委托方在职业教育、培训、开发的设计开发和交付过程提供实施优质专业实践的通用指南，并为评价优质服务者提供一个通用模型。

　　The objective of this International Standard is to provide a generic model for quality professional practice and performance, and a common reference for learning service providers（LSPs）and their clients in the design, development and delivery of non-formal education, training and development.

　　本国际标准使用术语"学习服务"而非术语"培训"，意在鼓励以学员和学习过程的结果为中心，并加强对交付学习服务有效性的全方位评价观念。

　　This International Standard uses the term "learning services" rather than "training" in order to encourage a focus on the learner and the results of the process, and to emphasize the full range of options available for delivering learning services.

　　本国际标准以学习服务提供者的能力为中心。其意在帮助组织和个人在拓展其能力和才能时，选择满足组织自身需要和期望的一个学习服务提供者，也可用来认证学习服务提供者。

　　This International Standard focuses on the competency of LSPs. It is intended to assist organizations and individuals to select an LSP who will meet the organization's needs and expectations for competency and capability development and can be used to certify LSPs.

　　本国际标准有些规定与 ISO 出版的许多其他管理体系，特别是与 ISO 9001 类似。作为案例，本国际标准与 ISO 9001：2008 目录之间的对照见附录 E。

　　This International Standard shares some similarities with many of the management system standards published by ISO, particularly ISO 9001. As an example, a comparison of the content of this International Standard with that of ISO 9001：2008 is given in Annex E.

职业教育与培训的学习服务
——学习服务提供者基本要求
Learning services for non – formal education and training
——Basic requirements for service providers

1. 范围　Scope

本国际标准给出了职业教育与培训的学习服务提供者基本要求。

This International Standard specifies basic requirements for providers of learning services in non – formal education and training.

注1：如果学习服务提供者隶属于组织的一部分，该组织还提供学习服务之外的产品（商品和服务），在此情况下，本国际标准仅适用于提供学习服务的部分。

NOTE 1 In cases where the learning service provider is part of an organization that delivers products (goods and services) in addition to learning services, this International Standard only applies to the unit providing the learning services.

注2：职业教育和培训的例子可能包括职业培训、终身学习和公司内部培训（无论是外包还是内部）。

NOTE 2 Examples of non – formal education and training could include vocational training, life – long learning and in – company training (either outsourced or in – house).

2. 术语和定义　Terms and definitions

下列术语和定义适用于本文件。

For the purposes of this document, the following terms and definitions apply.

2.1　合作者　Associate

（学习服务）不是学习服务提供者雇用的，但在其支持下提供学习服务的实体或个人

(learning services) entity or person not employed by the learning service provider, but working under its auspices to provide learning services

注：合作者不是学习服务提供者的全职成员。

NOTE An associate is not a staff member of the learning service provider.

示例：组织或独立承包商，如教练、教学设计者、评估员、项目经理或职业辅导员。

EXAMPLE Organizations or independentcontractors, such as instructors, instructional designers, evaluators, project managers, or career counsellors.

2.2　证书授予　Award

（学习服务）为了表达学员的学习项目表现或素养水平，或完成了学习规定的课程而由学习

服务提供者颁发给学员的证明性文件

(learning services) designation given by a learning service provider to a learner, in order to indicate a level of performance or attainment, or the completion of a learning programme

2.3　经营计划　**Business plan**

设计实现经营目标的行动计划

plan of action designed to achieve business goals

2.4　能力　**Competency**

(学习服务) 给定的工作条件下的应用和全面掌握，以及专业发展或个人发展，或兼有专业和个人发展的知识、领悟力、技能或态度的可观察性或可量测性，或兼有可观察性和可量测性

(learning services) knowledge, understanding, skill or attitude that is observable or measurable, or both observable and measurable, which is applied and mastered in a given work situation and in professional development or in personal development, or in both professional and personal development

2.5　持续专业发展　**Continuous professional development**

有意加强专业知识或专业能力

Intentional enhancement of professional knowledge or of professional competency

2.6　课程　**Curriculum**

(学习服务) 由学习服务提供者准备的，描述学习服务相关的目的、内容、学习结果、教和学的方法，以及评价过程等，关系到学习服务

(learning services) plan of study prepared by the learning service provider which describes the aims, content, learning outcomes, teaching and learning methods, assessment processes, etc., relating to a learning service

2.7　学习评价　**Evaluation of learning**

用于分析学习过程或按学习目标量测学习结果的规范性方法

normative approach to analyzing the learning process, or learning outcomes measured against the learning goals

2.8　辅导员　**Facilitator**

(学习服务) 与学员一起合作并协助其学习的人员

(learning services) person who works with learners to assist them with learning

注：辅导员是经常使用的称呼，还包括老师、培训师、家庭教师、导师或指导者。

NOTE A facilitator is also often referred to as a teacher, a trainer, a coach, a tutor or a mentor.

2.9　相关方　**Interested party**

(学习服务) 与学习服务，包括其管理和结果，或过程介入，或两者兼有的，有直接或间接的利益的个人、团体或组织

(learning services) individual, group or organization with a direct or indirect interest in the learning service, including its management and outcomes, or the processes involved, or both

2.10　关键过程　**Key process**

(学习服务) 学习服务及其管理的必备过程

(learning services) process essential to the learning service and the management of it

2.11　学员　**Learner**

参加学习的人员

person engaged in learning

2.12 学习 Learning

获取知识、行为、技能、价值观、喜好或领悟力

acquiring knowledge, behavior, skills, values, preferences or understanding

2.13 学习服务 Learning service

使能够学习而设计好的活动过程或顺序

processes or sequence of activities designed to enable learning

2.14 学习服务提供者（LSP） Learning service provider LSP

在职业教育与培训领域内提供学习服务的任何规模的组织或个人，包括所有与提供学习服务相关的合作者

organization of any size or an individual providing learning services in the field of non – formal education and training, including all associates involved in the provision of the learning service

2.15 职业教育 Non – formal education

（学习服务）有组织的教育活动以外，设立的初等、中等或高等教育的正式认可体系

（learning services） organized educational activity outside established recognized formal systems of elementary, secondary or higher education

示例：职业培训、终身学习和公司内部培训（无论是外包或是内部）。

EXAMPLE Vocational training：life – long learning；in – company training （either outsourced or in – house）.

2.16 质量方针 Quality policy

由最高管理者正式颁布的组织关于质量方面的总意图和方向

overall intentions and direction of an organization related to quality as formally expressed by top management

注1：通常质量方针与组织的总方针相一致并为制定质量目标提供框架。

NOTE 1 Generally the quality policy is consistent with the overall policy of the organization and provides a framework for the setting of quality objectives.

注2：ISO 9000:2005 中提出的质量管理原则可以作为形成质量方针的基础。

NOTE 2 Quality management principles presented in ISO 9000:2005 can form a basis for the establishment of a quality policy.

［ISO 9000:2005, 3.2.4 条规定］

［ISO 9000:2005, definition 3.2.4］

2.17 赞助者 Sponsor

（学习服务）向学员提供经济或其他支持，或与学习结果有利益关系的组织或个人

（learning services） organization or individual that provides financial or other support for the learner, or that has a vested interest in the outcome of the learning

注：赞助者包括企业、政府部门及相关者等。

NOTE This includes corporations, government agencies, relatives, etc.

2.18 学习转化 Transfer of learning

将在学习服务中学到的运用到其他场合

application of what has been learned during the learning service to other situations

15

3. 学习服务　Learning services

3.1　学习需求的确定　Determining learning needs

3.1.1　概述　General

在提供学习服务之前，为有效定位，学习服务提供者应确保进行了学习需求的分析。

Prior to offering learning services, and in order to orientate these effectively, the learning service provider (LSP) shall ensure that a learning needs analysis is conducted.

注：如相关时，学习服务提供者应考虑到行业或者区域的国家战略框架，所规定的资格认可标准或系列。

NOTE Where relevant, the LSP will need to take account of national frameworks for qualification standards or progression within the area or sector.

3.1.2　相关方的需求　Needs of interested parties

在提供学习服务之前，学习服务提供者应确保：

Before providing the learning service, the LSP shall ensure that：

a）资质分析，基于获取的学员相关的教育、培训历史和预先学习情况，包括其已获得的资质和证书；这些信息的获得和使用必须是合法的；

in terms of a qualification analysis, information is obtained about learners' relevant education and training history and prior learning, including qualifications and credentials awarded to them, and that this information is obtained and used with legitimate consent；

b）对由相关方承担或委托的学习服务，决定特殊的目标、期望、指标和需求；

specific aims, wishes, goals and requirements of interested parties in undertaking or commissioning the learning service are determined；

c）在有关和可行时，应向学员提供支持，以使其进行需要的自主学习需求和目标评价。

where relevant and feasible, learners are provided with the support they need in assessing their own learning needs and goals；

d）识别学员与语言、文化、生活，以及残障人士的特殊需求（WCAG）；

any needs relating to language, culture, literacy, or other special needs relating to disability are identified ［e. g. see web content accessibility guidelines (WCAG)］；

e）咨询相关方，确定他们所希望学员从学习服务中学到的技巧、能力及认知，如何应用于与学员任务、职责相关的工作，以及确定赞助者认定的学习服务成功指标；

relevant interested parties are consulted to determine how they expect the skills, competencies and awareness developed as a result of the learning service to transfer to the learners' work – related tasks and responsibilities, and about what the sponsor will consider to be indicators of success；

f）与赞助者就学习服务的提供达成协议并记录。

an agreement is reached and recorded with the sponsor on the learning service to be provided.

3.1.3　学习内容和过程　Learning content and process

学习服务提供者应确保：

The LSP shall ensure that：

a）学习内容和过程中考虑相关方的需求；

the learning content and the learning process take into account the needs of any interested party；

b）可用的方式和信息能够有效地分析在特定的学习内容和过程中产生的问题（如学员必备的技能、特定的要求）；

available means and information are used to effectively analyze issues arising from the specific learning content and process（e. g. prerequisite skills, specific requirements for the learner）；

c）学习方法和学习材料要使用合适，内容要准确并充分满足所描述的学习目标；

the learning methods and materials to be used are appropriate, accurate in terms of their content, and sufficient to meet the stated goals；

d）学习内容和过程应兼顾学习成果。

the learning content and process take into account learning outcomes.

3.2　学习服务的设计　Design of the learning services

3.2.1　规范学习服务的目的和范围　Specification of the aims and scope of the learning services

学习服务提供者应确保学习服务的范围、特定目的和计划的成果，选定后能够满足相关方的需求，同时，将准备使用的学习方法，清楚规定并与相关方沟通。

The LSP shall ensure that the scope, specific aims and planned outcomes of the learning service that is selected to meet the needs of interested parties, as well as the learning methods to be used, are clearly specified and communicated to relevant interested parties.

3.2.2　规范学习转化的支持和监测的方法　Specification of means of supporting and monitoring the transfer of learning

学习服务提供者应在确定和策划学习方法的促进和支持时，考虑相关方，以便确保对学习转化作出合适的评估、监测、评价并适当地文件化。

The LSP shall consider relevant interested parties when determining and planning the ways in which learning will be facilitated and supported, so as to ensure that the transfer of learning is assessed, monitored, evaluated and documented appropriately.

3.2.3　教学方案策划　Curriculum planning

学习服务提供者应：

The LSP shall：

a）开发并文件化教学方案和评价方法，应能够反映并适合目的和特定学习成果；

develop and document a curriculum and means of evaluation that reflect and are appropriate to the aims and learning outcomes specified；

b）选择学习方法，包括自学：

select methods of learning, including autonomous learning, which

　　1）教学方案与目的和要求相适应；

　　respond to the aims and requirements of the curriculum；

　　2）对学员适用；

　　are appropriate for the learners；

　　3）考虑学员个人的各种需求；

　　take into account the various needs of individual learners；and

　　4）如适用，可利用小组的潜在能力，对学员自学和合作学习提供资源和支持；

take advantage, as appropriate, of the group's potential to provide resources and support for individual and collective learning;

c）在交付学习服务、监测和评价学习转化时，明确规定包括学习服务提供者在内的相关方的角色和责任。

clearly specify the role and responsibilities of the interested parties, including the LSP itself, when delivering the learning services, and when monitoring and evaluating transfer of learning.

3.3　学习服务的提供　Provision of learning services

3.3.1　信息和引导　Information and orientation

在学习服务交付时或之前，学习服务提供者应告知学员和赞助者下列信息，适当时，检查他们对这些信息的理解程度：

Commencing with, or prior to, delivery of the learning service, the LSP shall notify the learners and the sponsors and, when appropriate, check their understanding of：

a）所提供的学习服务的目的、形式和内容，包括指引和用于评价的标准，以及基于学习完成情况的证书或报告；

the purpose (s), format and content of the learning services being provided, including the instruments and criteria to be used for evaluation, and the nature of the award or report to be issued upon completion；

b）学员的承诺和责任；

the learners' commitments and responsibilities；

c）学习服务提供者对学员的承诺和责任；

the LSP's commitments and responsibilities to the learner；

d）建立相关方不满意，或者相关方与学习服务提供者之间分歧的处理程序；

the procedures to be used in case of dissatisfaction of any interested party, or disagreement between any interested party and the LSP；

e）学习支持，如图书馆、热线、咨询服务、网络服务、辅导等；

support for learning, such as library access, hotline, counselling services, computer access, mentoring, etc.；

f）评价方法和日程安排；

methods and schedule for evaluation；

g）任何学习的先决条件，各种技术或其他因素，如所需的技能、资质和专业经验等。

any prerequisites, technical or otherwise, such as required skills, qualifications and professional experience.

在学习服务交付时或之前，学习服务提供者应告知相关费用，如学费、考试费以及学习资料购买费。

Commencing with, or prior to, delivery of the learning service, the LSP shall notify those financing the service of the charges for which they are responsible, such as tuition fees, examination fees and the purchase of learning materials.

3.3.2　确保学习资源提供的有效性和可获取性　Ensuring availability and accessibility of learning resources

学习服务提供者应确保：

The LSP shall ensure that：

a）课程中定义的所有资源是可用的；

all resources as defined in the curriculum are available；

b）负责提供学习服务的所有辅导员已有这些学习资源，并进行了应用培训；

all facilitators responsible for delivering the learning services have these learning resources available and are trained in their use；

c）学员可使用课程涉及的所有资源。

all resources as defined in the curriculum can be accessed by the learners.

3.3.3 学习环境 The learning environment

当学习服务提供者负责提供或者选择学习环境时，学习服务提供者应确保学习环境有利于学习。如果学习服务提供者没有控制学习环境时，学习服务提供者应规定学习环境的最低要求。

In cases where the LSP is responsible for providing or selecting the learning environment，the LSP shall ensure that it is conducive to learning. If the LSP does not have control over the learning environment，the LSP shall specify minimum requirements for it.

注1：学习环境包括设施、设备、学习资料等。

NOTE 1 The learning environment includes facilities，equipment，learning materials，etc.

注2：见4.8，考虑学习环境时的资源分配，因为资源和学习环境是两个密切相关的因素。

NOTE 2 See also 4.8 on the allocation of resources when considering learning environment，because the two aspects are closely related.

3.4 学习服务交付的监测 Monitoring the delivery of the learning services

学习服务提供者应确保从学员处获得的反馈，包括学员对学习方法和学习资源的使用，以及有效达成协议规定的学习目标的意见。

The LSP shall ensure that feedback is requested from learners on the methods and resources used，as well as their effectiveness in achieving the agreed learning outcomes.

注：其他相关方的反馈见4.10。

NOTE For feedback from other interested parties，see 4.10.

3.5 学习服务提供者实施的评价 Evaluation carried out by learning service providers

3.5.1 评价目标和范围 Evaluation goals and scope

学习服务提供者应：

The LSP shall：

a）描述总体和特定的评价目标，以及预期评价范围；

describe general and specific evaluation goals and the assumed scope of the evaluation；

b）确保所有分析方式和方法出自学习服务提供者，包括其日程安排和理由，并记录；

ensure that all evaluation methods and means employed by the LSP，including their schedule and rationale，are recorded；

c）确保计划、选择和实施的评价程序能够达到预期目标，并且能实施以对不同相关方有价值；

ensure that the evaluation procedures are planned，selected and conducted in order to meet the intended objectives，and that they can be implemented in such a way as to provide value to the various interested parties；

d）确保评价合法和符合道德规范；

ensure the evaluation is conducted legally and ethically；

e）确保学习服务提供者搜集的评价信息：

ensure the information collected for LSP evaluations is：

1）集中并全面，能够使评价问题得到全面响应，学员的需求得以恰当的解决；

focused and sufficiently comprehensive to enable evaluation questions to be fully answered and the needs of learners to be properly addressed；

2）经过系统和准确的分析；

systematically and accurately analyzed；

3）有效、可靠、有意义；

Valid，reliable and meaningful.

学习服务提供者应采取合理措施，减少评价中的偏见。

The LSP shall take reasonable steps to reduce bias in evaluations.

3.5.2　学习的评价　Evaluation of learning

本条款是针对学习服务提供者关于测量和分析学习者正在达到或已经达到提供的学习服务的学习结果的程度要求。

This sub clause addresses the requirements of the LSP with respect to measuring and analyzing the extent to which the individual learners are achieving，or have achieved，the learning outcomes of the learning service provided

学习服务提供者应确保：

The LSP shall ensure that：

a）对学员的评价结果仅供符合条件的相关方查看，并确保辅导员评价的正式结果便于传输；

access to results of LSP evaluation of the learner is given only to those with established legitimate consent to view the information，and that these results are in a format that facilitates the transportability of the evaluation；

b）对个别学习有困难以及需要特别帮助才能达成学习目标的学员，可邀请相关领域的专家参与。

individual learners with difficulties，and those who require specific assistance with learning in order to achieve the agreed learning outcomes，can be referred to experts in the relevant field.

3.5.3　学习服务的评价　Evaluation of the learning service

本条款说明学习服务提供者对于测量学习服务本身效果和质量的要求。

This subclause addresses the requirements of the LSP with respect to measuring the effectiveness and quality of the learning service itself.

学习服务提供者应确保：

The LSP shall ensure that

a）识别参与评价或影响评价的相关方；

the interested parties involved in，or affected by，the evaluation are identified；

b）评价实施者具备相关能力，并客观公正；

the persons conducting the evaluation are competent and objective;

c) 评价报告清晰准确地描述学习服务、学习服务目标、评价结论以及用来解释结论的观点、程序和基本原理;

evaluation reports are transparent and clearly describe the learning service, the learning service objectives, the findings, and also the perspectives, procedures and rationale used to interpret the findings;

d) 对提供学习服务的背景（如学习环境）进行全面细致的审查，以便识别对学习服务影响的因素。

the context (e. g. learning environment) in which the learning service is provided is examined in enough detail to enable likely influences on the learning service to be identified.

4. 学习服务提供者的管理 Management of the learning service provider

4.1 管理的基本要求 General management requirements

学习服务提供者的最高管理者应作出贯彻本国际标准的承诺。

A commitment to this International Standard shall be demonstrated at the highest level of leadership within the LSP.

学习服务提供者应建立管理体系并文件化，确保其管理体系能够被理解、执行、保持和评审。学习服务提供者应指定管理层团队里一名成员对管理体系负责。

The LSP shall establish and document a management system and ensure that it is understood, implemented, maintained and reviewed. The LSP shall designate a member of the management team to be responsible for the management system.

学习服务提供者应对实施、遵守本标准的要求形成文件，并可供所有相关人员查询。应建立程序以确保文件的清晰、准确、适宜、发放和安全。

The LSP's application of, and compliance with, the requirements of this International Standard shall be documented. These documents shall be accessible to all relevant personnel. Procedures shall be established to ensure the transparency, accuracy, relevance, circulation and security of the documentation.

学习服务提供者应建立符合其合同约定和法律义务的文件管理程序（见 ISO 15489）。查询记录应遵循学习服务提供者建立的保密制度。

The LSP shall establish procedures for retaining records for a period consistent with its contractual and legal obligations (e. g. see ISO 15489). Access to these records shall be consistent with the confidentiality arrangements established by the LSP.

4.2 战略和经营管理 Strategy and business management

在推进本国际标准过程中，学习服务提供者应根据通常可接受的经营策划实践，起草并形成文件化的经营计划。经营计划应包括战略与经营目标，描述管理结构、关键过程和学习服务提供者的质量方针。

附录 A 经营计划内容的常用纲要目录。

In implementing this International Standard, the LSP shall draw up and document a business plan in accordance with generally accepted business planning practices. The business plan shall include a strategy and business objectives，as well as a description of management structures，key processes and the LSP's quality policy.

Annex A outlines the usual content of a business plan.

4.3　管理评审　Management review

学习服务提供者应建立定期评审其管理体系的程序，以确保其持续适宜性、充分性和有效性，包括与实施本国际标准有关的方针和目标。评审应按规定的周期进行。

The LSP shall establish procedures to review its management system at planned intervals，in order to ensure its continuing suitability，adequacy and effectiveness，including the stated policies and objectives related to the fulfilment of this International Standard. These reviews shall be conducted at intervals appropriate to the context.

附录 B　概述管理评审输入的通用信息。

Annex B outlines the type of information that is generally included in the input to the management review.

4.4　预防措施和纠正措施　Preventive actions and corrective actions

学习服务提供者应建立程序，对管理体系中的不符合项进行识别和管理，如：计划—实施—检查—处置（PDCA）的循环。必要时，学习服务提供者应采取行动消除不符合的原因，以防止其再次发生。预防措施应足以消除潜在不符合项的因素。纠正措施应能够消除相关问题所产生的影响。

The LSP shall establish procedures for identifying and managing nonconformities in the management system，e. g. the Plan－Do－Check－Act（PDCA）cycle. The LSP shall also，where necessary，take actions to eliminate the causes of nonconformities，in order to prevent recurrence. Preventive actions shall be sufficient to eliminate causes of potential nonconformities. Corrective actions shall be appropriate to the impact of the problems encountered.

附录 C　预防措施和纠正措施的概述。

Annex C outlines the type of preventive actions and corrective actions that are generally taken.

4.5　财务管理和风险管理　Financial management and risk management

学习服务提供者应执行到位和应文件化下列内容以确保经营的连续性：

The LSP shall have in place and shall document the following in order to ensure its business continuity：

a）适当的财务管理体系；

an appropriate financial management system；

b）识别、评估和管理风险的系统。

a system for identifying，assessing and managing risk.

4.6　人力资源管理　Human resources management

4.6.1　学习服务提供者的工作人员和合作者的能力　Competencies of the LSP's staff and associates

学习服务提供者应确保其所有工作人员和合作者的职务说明，并描述其具备执行本标准第 3 章和本章所概述的过程的核心能力，并保持这些能力。

The LSP shall ensure that any staff and associates have the core competencies needed to carry out the processes outlined in Clause 3 and this clause within their job descriptions，and that these competencies are maintained.

学习服务提供者应该提供职务说明，指出要求的核心能力，并应按合适的周期评审。

The LSP should provide job descriptions that refer to the core competencies required, which shall be reviewed at appropriate intervals.

注：附录 D 提供了涉及本国际标准的一些核心能力的信息。

NOTE Annex D provides further information to illustrate some of the core competencies referred to in this International Standard.

4.6.2 学习服务提供者能力、绩效管理及专业发展的评估 Evaluation of LSP competencies, performance management, and professional development

本条款阐述了学习服务提供者关于测量其工作人员或合作者具备要求能力的程度，及有效执行其职责并管理工作人员和合作者的活动要求。

This subclause addresses the requirements with respect to measuring the degree to which members of staff or associates of the LSP have the competencies required to effectively carry out the activities with which they are charged, and managing the performance of staff and associates.

学习服务提供者应确保：

The LSP shall ensure that:

a）针对其职务说明，保证对每个工作人员或合作者提供学习服务的能力进行评价或评审，并将评价或评审文件化；

the competencies of each member of staff or associate providing learning services under its auspices are assessed or reviewed in relation to their job description, and that the assessments or reviews are documented;

b）根据工作人员的能力和业绩制定并执行管理、评价及反馈系统；

systems are developed and implemented for managing, appraising and providing feedback on the competence and performance of staff;

注：这可通过一系列的方法来实施，包括定期的教育和培训活动的观察，以及教练在这些方面的反馈。

NOTE This can be done by various means, including regular observation of teaching and training sessions, and feedback to instructors on these observations.

c）反馈来自工作人员及合作者对其激励和工作满意度；

feedback is obtained from staff and associates on their motivation and job satisfaction;

d）记录并评价工作人员及合作者的持续职业发展及其影响；

staff and associates undertake continuous professional development, and the impact of this is evaluated and documented;

e）选择或制定和实施的评价程序能够提供关于学习服务团队服务能力的有效可信的信息；

the evaluation procedures that are chosen or developed and implemented provide valid and reliable information about the competencies of the team providing learning services;

f）评价过程的所有因素应遵循有关法律，符合公正和人权的基本原则，并定期评审。

all aspects of these processes are consistent with relevant legislation and with the basic principles of fairness and human rights, and they are regularly reviewed.

4.7　沟通管理（内部/外部）　Communication management（internal/external）

适应时，学习服务提供者应建立执行告知和咨询的程序，对工作人员和合作者可能有直接影响的问题，应促进双向沟通。

The LSP shall, where appropriate, implement procedures to inform and consult with staff and associates on issues which may have a direct impact on them, and shall facilitate two – way communication.

学习服务提供者应该提供与工作人员和合作者沟通的机会。

The LSP should provide opportunities for communication amongst staff and associates.

4.8　资源的分配　Allocation of resources

学习服务提供者应考虑特定需求，确保选择和部署所需的工作人员、合作者和学习资源，应对学习资源进行维护。

The LSP shall ensure that the necessary staff and associates and learning resources are selected and deployed, taking into account any specific needs, and that the learning resources are maintained.

注：见 3.3.2 和 3.3.3。

NOTE See also 3.3.2 and 3.3.3.

示例：人员；学习资料；设备，包括 IT 设施（对特殊需求，如 WCAG 指引）；工作和学习环境；学习服务提供者合约之外所提供学习服务的其他设备；教学技术和特殊需求的目录；就业指导服务。

EXAMPLE Personnel; learning materials; equipment, including information technology infrastructure [for special needs, e. g. see web content accessibility guidelines（WCAG）]; working and learning environments; equipment for learning services provided away from the LSP's premises; catalogues of educational technologies and of special needs; career counselling services.

4.9　内部审核　Internal audits

学习服务提供者应建立内部审核程序，确保符合本国际标准，以及管理体系执行和保持的有效性。

The LSP shall establish procedures for internal audits, in order to verify that it complies with this International Standard and that the management system is being effectively implemented and maintained.

审核方案应基于被审核过程和区域的重要性，及以往审核结果进行策划。本审核方案应覆盖所有的过程，至少以 36 个月为一周期。

An audit programme shall be planned which takes into account the relative importance of the processes and areas to be audited, as well as the results of previous audits. This audit programme shall cover all of the processes over, at most, a period of 36 months.

学习服务提供者应确保：

The LSP shall ensure that:

a）内部审核由符合本国际标准要求和具备审核知识的合格审核员执行；

internal audits are conducted by suitably qualified persons with knowledge of auditing and the requirements of this International Standard;

b）审核员不能审核自己的工作；

auditors do not audit their own work;

c）审核结果应告知被审核区域的负责人员；

the staff responsible for each area audited are informed of the outcome of the audit;

d）指出改进机会；

any opportunities for improvement are identified; and

e）根据审核结果及时并采取适当的改进措施。

any actions resulting from internal audits are taken in a timely and appropriate manner.

4.10　相关方的反馈　Feedback from interested parties

学习服务提供者应利用系统去收集相关方对提供的学习服务的反馈，并用于分析和回应，适用时，应采取措施。

The LSP shall have in place and shall utilize systems for gathering feedback from interested parties on the learning services provided, and for analyzing, responding to and, where appropriate, acting upon it.

学习服务提供者应利用系统去处理投诉和申诉，并告知相关方。

The LSP shall have in place a system for handling complaints and appeals, and shall make this known to its interested parties.

附录 A
Annex A
（资料性附录）
（informative）
经营计划的内容
Business plan content

经营计划通常包括以下几个方面：

A business plan usually covers the following areas：

a）愿景和使命：学习服务提供者文件化其愿景和使命，包括以支持学习价值的实现和公平对待相关方；

vision and mission：the LSP documents its vision and mission，including how it supports the value of learning and the fair treatment of its interested parties；

b）战略发展及定期评估：学习服务提供者制定战略及其修订周期，并定期进行评审；

development and regular assessment of strategy：the LSP specifies its strategy and the revision period，and demonstrates that these periodic reviews are conducted；

c）质量方针：学习服务提供者需文件化其质量要求和质量方针；

quality policy：the LSP documents its quality and quality control policy；

d）经营和质量目标：学习服务提供者应：

Business and quality objectives：the LSP：

1）文件化经营目标；

documents its business objectives；

2）记录组织内部改进项目的执行情况，包括日程安排；

records actual implementation of improvement projects within the organization，including time-frames；

3）制定组织内部与质量方针相关改进项目的可测量和可验证目标；

specifies measurable and verifiable objectives for improvement projects within the organization，linking them to its quality policy；

e）市场分析：学习服务提供者定期评审并文件化学习服务的需求；

market analysis：the LSP periodically reviews and documents the demand for learning services；

f）组织和运行架构，包括经营范围与相关合作：学习服务提供者文件化其组织架构并确保工作人员及合作者了解这种架构；

organizational and operational structure，including business areas and cooperations：the LSP documents its organizational structure and ensures that this structure is communicated to all staff members and associates；

g）关键过程的识别和设计：学习服务提供者提供关键过程所需的信息，包括需求分析、设计、交付和评价；

identification and design of key processes：the LSP provides evidence of the design of key processes，including needs analyses，design，delivery and evaluation；

h）合作者：学习服务提供者应策划和确定合作者与其负责的工作相一致。

associates：the LSP plans and documents how it integrates the associates into their work.

附录 B
Annex B
（资料性附录）
（informative）
管理体系评审信息
Information for management system reviews

管理体系评审的信息要求应该包括：

The information required for management system reviews should include：

a）内部和外部审核结果；

the results of internal and external audits；

b）从相关方搜集的与本国际标准相关的反馈；

feedback from interested parties related to compliance with this International standard；

c）预防措施和纠正措施的实施情况；

the status of preventive actions and corrective actions；

d）以往管理评审的跟踪措施；

follow – up actions from previous management reviews；

e）各项目标的实现情况；

the fulfilment of objectives；

f）任何可能影响管理体系的变更；

any changes that could affect the management system；

g）任何申诉和投诉及处理措施；

any appeals and complaints，as well as the handling of them；

h）管理体系中不符合项的识别和解决；

identification and resolution of any nonconformities in its management system；

i）学习服务的评价结果。

the results of evaluation of the learning services.

管理评审应该采取的决策和行动为：

The management review should lead to decisions and actions about：

——管理体系及其过程有效性的提升；

—improving the effectiveness of the management system and its processes；

——与本国际标准符合性的提升；

—improving compliance with this International standard；

——学习服务有效交付所需的资源。

—the resources needed for effective delivery of the learning services.

附录 C
Annex C
（资料性附录）
（informative）
预防措施和纠正措施
Preventive actions and corrective actions

预防措施和纠正措施包括：

Preventive actions and corrective actions include：

a）识别管理体系中的不符合项；

identifying nonconformities in the management system；

b）确定不符合项的原因；

determining the causes of nonconformity；

c）预防和/或纠正不符合项；

preventing or correcting nonconformities，or preventing and correcting nonconformities；

d）评价需采取的行动，以确保不符合项不再出现；

evaluating the need for actions in order to ensure that nonconformities do not recur；

e）及时制定和实施所需的措施；

determining and implementing the actions needed in a timely manner；

f）记录所采取措施的结果；

recording the results of actions taken；

g）评审所采取纠正措施的有效性。

reviewing the effectiveness of corrective actions taken.

附录 D
Annex D
（资料性附录）
（informative）
学习服务提供者核心能力示例
Examples of core competencies for learning service providers

能力按以下所列三部分的基本能力构建：

The competencies are structured around three main headings that list basic competencies, as follows：

——与学习服务交付相关的能力，包括：

competencies related to the delivery of learning services, which include：

——学习理论的应用；

applying learning theory；

——学习方法论的应用；

—applying learning methodology；

——学习辅助材料的选择和使用；

—selecting and using learning support materials；

——特殊需求和各种问题的处理；

—dealing with special needs and diversity；

——学习的评价；

—evaluating learning；

——成为学科专家；

—being a subject matter expert；

——课程的开发；

—developing curriculum；

——学习需求的识别；

—identification of learning needs；

——学习技术的应用。

—applying learning technology；

——作为教学人员应具有的个人素质能力，包括：

personal competencies, which concern the individual's personal qualities as a facilitator, and include：

——有效的倾听和沟通能力；

—listening and communicating effectively；

——表达能力；

—making presentations；

——激励他人的能力；

—motivating people；

——教学能力；

—facilitation；

——冲突管理的能力；

—managing conflicts；

——持续专业发展；

—continuous professional development；

——有效利用信息技术；

—using information technology effectively；

——对平等和多元化问题的敏感度；

—sensitivity to equality and diversity issues；

——遵循一定的行为规则或价值观；

—adherence to a code of conduct or statement of values；

——跨文化能力；

—intercultural competencies；

——引导、咨询和教导。

—guiding, counselling and mentoring；

——**作为教学人员应具有与委托方经营目标相关的业务能力，包括：**

business competencies, which concern the ability of the facilitator to link learning to clients' business objectives, and include：

——创新和使用新技术的能力；

—innovation and use of emerging technology；

——商业敏感度（规划、预算）；

—commercial acumen（planning, budgeting）；

——相关方的管理；

—management of interested parties；

——学习方针的制定和实施；

—formulating and regulating learning policy；

——建立与相关方之间的沟通交流关系，如进行联系并建立友谊；

—networking with interested parties, i. e. making connections and building relationships；

——经营绩效管理；

—management of business performance；

——适应工作性质不断变化的领悟力，如在社会、科技、工业、政治、文化层次的变化；

—understanding the ever‐changing nature of work, i. e. on a social, technological, industrial, political and cultural level；

——使用技术来管理沟通；

—using technology to manage communications；

——致力于组织发展和绩效；

—working on organizational development and effectiveness；

——学习管理。

—learning administration.

附录 E
Annex E
（资料性附录）
（informative）
ISO 29990:2010 与 ISO 9001:2008 之间的对照
Correspondence between ISO 29990:2010
and ISO 9001:2008

本附录意在方便读者交叉参照比较本标准与 ISO 9001:2008。

The purpose of this annex is to provide cross–references between this International Standard and ISO 9001:2008.

表 E.1 ISO 29990:2010 与 ISO 9001:2008 之间的对照

ISO 29990:2010		ISO 9001:2008	
范围	1	1	范围
		1.1	总则
		1.2	应用
术语和定义	2	3	术语和定义
学习服务	3	7	产品实现（仅限于标题）
学习需求的确定	3.1	7.2	与顾客有关的过程（仅限于标题）
概述	3.1.1		
相关方的需求	3.1.2	7.2.1	与产品有关的要求的确定
学习内容和过程	3.1.3		
学习服务的设计	3.2		
规范学习服务的目的和范围	3.2.1	7.1	产品实现的策划
规范学习转化的支持和监测的方法	3.2.2		
教学方案策划	3.2.3		
学习服务的提供	3.3	7.5	生产和服务提供（仅限于标题）
信息和引导	3.3.1		
确保学习资源提供的可用性和可获取性	3.3.2	6.3	基础设施
学习环境	3.3.3	6.4	工作环境
学习服务交付的监测	3.4	8	测量、分析和改进（仅限于标题）
学习服务提供者实施的评价	3.5	8.1	总则
评价目标和范围	3.5.1		
学习的评价	3.5.2	8.2.4	产品的监视和测量
学习服务的评价	3.5.3	8.2.3	过程的监视和测量

ISO 29990:2010		ISO 9001:2008	
学习服务提供者的管理	4	4	质量管理体系（仅限于标题）
管理的基本要求	4.1	4.1	总要求
		4.2	文件要求（仅限于标题）
		5.1	
		5.5.2	管理者代表
战略和经营管理	4.2	5.1，5.3	管理承诺，质量方针
		5.4，5.5	策划，职责、权限和沟通
管理评审	4.3	5.6	管理评审
预防措施和纠正措施	4.4	8.5.2	纠正措施
		8.5.3	预防措施
财务管理和风险管理	4.5		
人力资源管理	4.6	6.2	人力资源（仅限于标题）
学习服务提供者的工作人员和合作者的能力	4.6.1	6.2.1	总则
学习服务提供者能力、绩效管理及专业发展的评估	4.6.2		
沟通管理（内部/外部）	4.7	5.5.3	内部沟通
资源分配	4.8	6.3	基础设施
内部审核	4.9	8.2.2	内部审核
相关方的反馈	4.10	8.2.1	顾客满意
经营计划的内容	附录 A	4.2	文件要求（仅限于标题）
管理体系评审信息	附录 B	5.6	管理评审
预防措施和纠正措施	附录 C	8.5.2	纠正措施
		8.5.3	预防措施
学习服务提供者核心能力示例	附录 D		

Table1 E.1　Correspondence between ISO 29990:2010 and ISO 9001:2008

ISO 29990:2010		ISO 9001:2008	
Scope	1	1	Scope
		1.1	General
		1.2	Application
Terms and definitions	2	3	Terms and definitions
Learning services	3	7	Product realization（heading only）
Determining learning needs	3.1	7.2	Customer – realization processes（heading only）
Summarize	3.1.1		
Needs of interested parties	3.1.2	7.2.1	Determination of requirements related to the product
Learning contents and process	3.1.3		

continued

ISO 29990:2010		ISO 9001:2008	
Design of the learning services	3.2		
Specification of the aims and scope of the learning services	3.2.1	7.1	（Planning of product realization）General
Specification of means of supporting and monitoring the transfer of learning	3.2.2		
Curriculum planning	3.2.3		
Provision of learning services	3.3	7.5	Production and service provision（heading only）
Information and orientation	3.3.1		
Ensuring availability and accessibility of learning resources	3.3.2	6.3	（Infrastructure）General
The learning environment	3.3.3	6.4	Work environment
Monitoring the delivery of the learning services	3.4	8	Measurement, analysis, and improvement（heading only）
Evaluation carried out by learning services providers	3.5	8.1	总则 General
Evaluation goals and scope	3.5.1		
Evaluation of learning	3.5.2	8.2.4	Monitoring and measurement of products
Evaluation of the learning service	3.5.3	8.2.3	Monitoring and measurement of process
Management of the learning service provider	4	4	Quality management system（heading only）
General management requirements	4.1	4.1	General requirements
		4.2	Documentation requirements
		5.1	Management commitment
		5.5.2	Management representative
Strategy and business management	4.2	5.1, 5.3	Management commitment, Quality policy
		5.4, 5.5	Planning, Responsibility, authority and communication
Management review	4.3	5.6	Management review
Preventive actions and corrective actions	4.4	8.5.2	Corrective action
		8.5.3	Preventive action
Financial management and risk management	4.5		
Human resources management	4.6	6.2	Human resources（heading only）
Competencies of the LSP's staff and associates	4.6.1	6.2.1	总则 General
Evaluation of LSP competencies, performance management, and professional development	4.6.2		
Communication management （Internal/external）	4.7	5.5.3	Internal communication
Allocation of resources	4.8	6.3	Infrastructure
Internal audits	4.9	8.2.2	Internal audit
Feedback from interested parties	4.10	8.2.1	Customer satisfaction

continued

ISO 29990:2010		4.2	ISO 9001:2008
Business plan content	Annex A	4.2	Documentation requirements（heading only）
Information for management system reviews	Annex B	5.6	Management review
Preventive actions and corrective actions	Annex C	8.5.2	Corrective action
		8.5.3	Preventive action
Examples of core competencies for learning service providers	Annex D		

表 E.2　ISO 9001:2008 与 ISO 29990:2010 之间的对照

ISO 9001:2008		ISO 29990:2010	
引言（仅限于标题）			
总则	0.1		
过程方法	0.2		引言
与 ISO 9004 的关系	0.3		
与其他管理体系的相容性	0.4		
范围（仅限于标题）	1		
总则	1.1	1	范围
应用	1.2		
规范性引用文件	2		
术语和定义	3	2	术语和定义
质量管理体系（仅限于标题）	4	4	学习服务提供者的管理
		4.1	管理的基本要求
		4.2	战略和经营管理
		4.5	财务管理和风险管理
总要求	4.1	4.1	管理的基本要求
文件要求（仅限于标题）	4.2	附录 A	
管理职责（仅限于标题）	5	4	学习服务提供者的管理
内部沟通	5.5.3	4.7	沟通管理（内部/外部）
管理评审	5.6	4.3	管理评审
		附录 B	管理体系评审信息
资源管理（仅限于标题）	6	4.8	资源的分配
人力资源（仅限于标题）	6.2	4.6	人力资源管理
总则	6.2.1	4.6.1	学习服务提供者的工作人员和合作者的能力
能力、培训和意识	6.2.2		
基础设施	6.3	4.8	资源的分配
工作环境	6.4	3.3.3	学习环境
产品实现（仅限于标题）	7	3	学习服务
产品实现的策划	7.1	3.2.1	规范学习服务的目的和范围
与顾客有关的要求确定	7.2	3.1	学习需求的确定

ISO 29990:2010		ISO 9001:2008	
与产品有关的要求确定	7.2.1	3.1.2	相关方的需求
设计和开发（仅限于标题）	7.3	3.2	学习服务的设计
采购（仅限于标题）	7.4		
生产和服务提供（仅限于标题）	7.5	3.3	学习服务的提供
生产和服务提供的控制	7.5.1	3.5	学习服务提供者实施的评价
监视和测量设备的控制	7.6		
测量、分析和改进（仅限于标题）	8	3.4	学习服务交付的监测
总则	8.1	3.5	学习服务提供者实施的评价
监视和测量（仅限于标题）	8.2	3.5	学习服务提供者实施的评价
顾客满意	8.2.1	4.10	相关方的反馈
内部审核	8.2.2	4.9	内部审核
过程监视和测量	8.2.3	3.5	学习服务提供者实施的评价
产品的监视和测量	8.2.4	3.5	学习服务提供者实施的评价
不合格品控制	8.3	4.4	预防措施和纠正措施
数据分析	8.4	3.5.1	评价目标和范围
纠正措施（概括）	8.5.2	4.4	预防措施和纠正措施
		附录 C	预防措施和纠正措施
预防措施（概括）	8.5.3	4.4	预防措施和纠正措施
		附录 C	预防措施和纠正措施

Table1 E.2 Correspondence between ISO 9001:2008 and ISO 29990:2010

ISO 9001:2008		ISO 29990:2010	
Introduction（heading only）			
General	0.1		
Process approach	0.2		Introduction
Relationship with ISO 9004	0.3		
Compatibility with other management systems	0.4		
Scope（heading only）	1		
General	1.1	1	Scope
Application	1.2		
Normative references	2		
Terms and definitions	3	2	Terms and definitions
Quality management system（heading only）	4	4	Management of the learning service provider
		4.1	General management requirements
		4.2	Strategy and business management
		4.5	Financial management and risk management
General requirements	4.1	4.1	General management requirements
Documentation requirements（heading only）	4.2	Annex A	Business plan content
Management responsibility（heading only）	5	4	Management of the learning service provider

continued

ISO 9001:2008		ISO 29990:2010	
Interal communication	5.5.3	4.7	Communication management (Internal/external)
Management review	5.6	4.3	Managment review
		Annex B	Information for management system reviews
Resource management (heading only)	6	4.8	Allocation of resources
Human resources (heading only)	6.2	4.6	Human resources management
General	6.2.1	4.6.1	Competencies of the LSP's staff and associates
Ability, training and awareness	6.2.2		
Infrastructure	6.3	4.8	Allocation of resources
Work environment	6.4	3.3.3	The learning environment
Product realization (heading only)	7	3	Learning services
Planning of product realization	7.1	3.2.1	Specification of the aims and scope of the learning services
Customer – related processes	7.2	3.1	Determining learning needs
Determination of requirements related to the product	7.2.1	3.1.2	Needs of interested parties
Design and development (heading only)	7.3	3.2	Design of the learning services
Purchasing (heading only)	7.4		
Production and service provision (heading only)	7.5	3.3	Provision of learning services
Control of production and service provision	7.5.1	3.5	Evaluation carried out by learning service providers
Control of monitoring and measuring devices	7.6		
Measurement, analysis and improvement (heading only)	8	3.4	Monitoring the delivery of the learning services
General	8.1	3.5	Evaluation carried out by learning service providers
Monitoring and measurement (heading only)	8.2	3.5	Evaluation carried out by learning service providers
Customer satisfaction	8.2.1	4.10	Feedback from interested parties
Internal audit	8.2.2	4.9	Internal audits
Monitoring and measurement of processes	8.2.3	3.5	Evaluation carried out by learning service providers
Monitoring and measurement of product	8.2.4	3.5	Evaluation carried out by learning service providers
Control of nonconforming product	8.3	4.4	Preventive actions and Corrective actions
Analysis of data	8.4	3.5.1	Evaluation goals and scope
Corrective action	8.5.2	4.4	Preventive actions and Corrective actions
		Annex C	Preventive actions and Corrective actions
Preventive action	8.5.3	4.4	Preventive actions and Corrective actions
		Annex C	Preventive actions and Corrective actions

表中仅列出各自的术语（标题）而非对应的具体内容。

The term "（heading only）" indicates that there is correspondence of the headings, but not of the contents.

表中列出的标题仅是一般性描述而不是具体的内容。

Where the heading is in brackets followed by the term "General", a correspondence of the general description applies, rather than of specific points.

说明 Testimony

中国政府在实施本国际标准方面的相关法律和法规有：

《中华人民共和国就业促进法》

《中华人民共和国民办教育促进法》

《国家中长期教育改革和发展规划纲要（2010—2020 年)》

《国家中长期人才发展规划纲要（2010—2020 年)》

与本国际标准实施直接相关的国际标准和指南如下：

ISO 9000：2005，*Quality management systems—Fundamentals and vocabulary*

ISO 9001：2008，*Quality management systems—Requirements*

ISO 15489（all parts），*Information and documentation—Records management*

WAI Accessibility Guidelines：*Web Content Accessibility Guidelines*（*WCAG*）2.0（2005），

http：//www.w3c.org/TR/WCAG20

ISO 29990 国际标准是作为《教育与培训的质量管理 ISO 29990 的实施指南》的一部分，DIN Deutschen Institut für Normung e.V. 授权推出中文版。

4 对于 ISO 29990 要素要求实施的指南

本章阐述了 ISO 29990 条款。本章的结构对应国际标准 ISO 29990 中的条款编号。对于每一个条款及子条款，标准相对应的要求会简要说明，随后的注释会说明实施中的要点。在适用的情况下，将提及实施的工具，并将引用本评注中的其他条款（见表 4 – 1）。

表 4 – 1 实施的支持

3.	学习服务
3.1	学习需求的确定
3.1.1	概述
要求： 说明：	为有效定位学习服务，从而进行学习需求分析。 　　许多学习服务提供者在开发为组织和企业提供的服务时，会按照 ISO 29990 所述的教育需求分析或"学习需求分析"。在一些联邦州，这是申请和接收教育服务经费的先决条件。个别学习也有一系列重点（评估、课前访谈、结构性问卷等）不同的综合规程。 　　对于面向企业的教育机构，必须了解企业及其相关组织的培训需求尤为重要，并主要针对战略或操作层面的问题。应优先考虑潜在顾客的需求，如果可能的话，瞄准和优先开发具体的培训课程。 　　应在不同的情况下考虑具体的准则，如中央组织和联邦职业培训署、远程学习中央办公室或联邦就业局等需求。学习服务提供者必须开发并记录适合学习需求分析的方法。 　　更加重要的是，在尽可能的情况下，学习服务提供者要了解和考虑到资格或高级深化培训的具体关系，例如，通过资格认证来结业学习。
3.1.2	相关方的需求
要求： 说明：	a）资质分析，基于获取的学员相关的教育、培训历史和预先学习情况，包括其已获得的资质和证书；这些信息的获得和使用必须是合法的。 　　应以结构化及文件化的方式采集以往教育和学习经验方面的信息，并且应当明确包含对学习经验的调查。对于教育内容的特殊目标群体，应当制定检查表，进行系统化询问。应采纳"少即是多"的方法，即在采访中应用尽可能少的几个问题，确定一个人现有的知识水平和区分学习类型。 　　在任何情况下，向学习者说明和简要解释对数据的应用。应明确和学习者之间的协议是基于数据保护的基础上。
工具：	• 检查表； • 访谈指南； • 调查问卷的数据库（目标群和具体内容）。
要求： 说明：	b）确定具体的目标、愿望和要求。 　　首先识别利益相关方。"合作方"很少明确他们的目标、愿望和要求，通常的关注重点是学习内容的应用领域。 　　利益相关方通常没有明确的陈述。在此情况下，可能在学习内容中体现。在这一过程中，应当结合个别事实及其重要性的权重识别。
工具：	• 利益相关方清单； • 根据利益相关方对要求的综述，按优先顺序排列的清单。
要求： 说明：	c）支持学习需求和教育目标的评估。 　　需要研究学习者在何种程度上，评估自己的学习需求和制定教育目标。如果这些先决条件并不存在，那么应给予学习者特别的支持，例如通过个人对话、定向问题、解释等给予支持。应当始终采用一份以具体学习需求和应用目标设定为名称的结构化期望值调查。 　　结构化教育服务可支持（未来的）学习者制定学习目标，例如互联网上的具体范例。

续表

3.1.2	相关方的需求
工具：	• 学习者在学习和教育经验方面的评价； • 结构化期望值调查； • 系统化教育咨询。
要求： 说明： 工具：	d）从语言、文化、阅读和写作技能，以及残障等方面识别个人需求。 　　教学人员必须从语言、文化和阅读与写作技能方面考虑到个别学生的需求，并在必要时采取支持措施。 　　必须考虑到智力或身体的残障情况。可由这一领域的协会、提供商和组织提供帮助和支持。它们通常能够和愿意以相关经验以及具体教材的形式提供支持。对学习服务提供者的一个基本要求是提供适合残障人士需求的学习资源。 • 制定特定残障人士学习过程的指导方针； • 为特定的软件和硬件解决方案的生产商和供应商提供建议，以支持残疾人和弱势群体的学习过程； • 网页内容访问指南[35]； • 针对这一目标群体对学习服务提供者的要求，具有特定专业知识和经验的专业协会和组织提供的出版物与建议。
要求： 说明： 工具： 参考：	e）学习结果、学习转化和学习成就指标的期望值。 　　这包括直接收集针对学习者工作过程的技能、能力和知识的期望值。通常，会形成一个多级对话，因为这些目标和期望值很少一开始就能明确。 　　有效的指标收集应在学习服务结束后的三至六个月。 • 能力框架、能力描述； • 通过专业技术； • 学习期望值综述以表格列出，并包含具体成功因素水平的比例（例如：关于新软件的时间和质量期望值）。 本表第 3.1.2 b）部分——确定具体目标、愿望和要求。
要求： 说明： 工具：	与合作单位达成的协议对院校来说至关重要。一方面，这涉及为学习服务做准备的合作义务。经验丰富和积极主动的承包机构通常会为开发学习过程提供一个良好的基础，因为它涉及内容和方法。另一方面，它涉及直接提供或者基础部分，所以必须考虑到承包机构的观点。 f）与赞助商签订学习服务协议。 • 协议样本（针对承包机构的合作以及有关内容的具体期望值）。
3.1.3	学习内容和过程
要求： 说明： 工具：	a）学习内容和学习过程应将任何利益相关方的需求纳入考虑。 　　本要求主要通过确保课程制定的质量来满足。课程直接针对利益相关方的期望值制定（采用非常明确的例子总结或说明）。 • 重点课程。
要求： 说明： 工具：	b）针对目标群的规划。 　　这与针对学习过程输入的关键要求，以及由学习过程中产生的要求（例如分发学习资料、对话、进度测试等）有关。 • 课程及学习计划中的必修课程，以便确保实现学习和能力目标，学习和教学方法的特定特征。
要求： 说明： 工具：	c）学习方法和材料的适用性。 　　这要求说明具体的学习方法和材料，在描述具体的学习和教育项目时，要考虑到对学习者的专业评估。 • 课程中应包含对学习方法和材料的明确陈述，如果有必要，还应包含学习过程里程碑，以便在过程不同阶段进行评估。
要求：	d）学习内容和过程要考虑到学习效果。

3.1.3	学习内容和过程
说明:	在规划教学过程时,学习服务提供者计划具体的预期学习成果并尽可能清楚地描述出来。对预期的学习成果进行计划,可以直接促进学习成果控制措施的制定。
工具:	• 课程应对每个单独的部分或模块的重要期望学习结果(在未来应用领域的技能和关键能力)进行具体描述。
3.2 3.2.1	学习服务的设计 规范学习服务的目的和范围
要求: 说明:	有关学习服务的范围、目标和计划成果与学习方法的规范和传达。 本条款指在课程中有关范围、教育目标和计划成果以及会采用的学习和教学方法的明确规范。执行此条款必须文件化,使利益相关方能认识到这些规范,并能提供相应的证据等。 有关学习服务的范围、目标和计划成果与学习方法的规范和传达。
工具:	• 课程应包括与教学和学习过程的结果相关的学习目标和规范; • 依照与利益相关方沟通的要求,开发教育产品的过程描述; • 在开发教育产品的过程到达里程碑阶段时,应获得利益相关方的确认函或通知函。
3.2.2	规范学习转化的支持和监测的方法
要求: 说明:	学习服务提供者应在确定和策划学习方法的促进和支持时,考虑利益相关方,以便确保对学习转化作出合适的评估、监测、评价,并适当地文件化。 首先,必须识别出所有利益相关方。应当制定具体的学习形式和支持措施,并与利益相关方进行讨论和改进。这不仅涉及在教育服务背景下的学习,还涉及在框架外的个人学习和在具体工作或其他情境中的思考与培训。有关学习转化和学习成果应用的具体协议,使此类规划形成特别的挑战。建议利益相关方识别转化学习的相关机会,并列出这些机会的优先顺序以投入实践(例如在重要工作任务关键项目的背景下)。规划也包括识别出经常会与学习者往来的人员,以便在开发和应用能力时评估进度。
工具:	• 课程在传达、深化理解、材料审评等方面考虑学习形式; • 个别课程之间主题互动和关联的具体信息(通常与具体的领域有关); • 要采取的学习推广和支持活动形式的具体命名。
3.2.3	教学方案策划
要求: 说明:	a)制定和记录适用于指定目标和学习成果的学习计划与评价工具。 关于执行此要求,应当一开始就使用术语"课程"。课程也包含学习目标和有关教学流程和学习过程的规范。现代教育思想也包括此方面的学习背景。这就意味着具体的学习前提条件,例如独特的优势、劣势或学习障碍,回顾和深化理解的时候则是对学习障碍予以特别关注的时机。首先要通过识别指定的学习目标执行情况的证据来制定评价方法。课程应当明确提到对每个部分的评价。
工具:	• 包含有关评价工具和内容的描述的课程设计规范; • 上述课程的具体评价标准。
要求: 说明:	b)以目标、要求和学生为导向的学习方法的选择。 设计和积极结合适当的学习方法对于满足学习服务的质量要求尤为重要。结合了理论与实践的适当方法,是教育成功的必要前提条件和因素。应用一系列不同方法,应当始终与课程各个部分的具体目标保持一致。 应当始终评估方法对于学生的适用性和范围。为实施成功的教育措施,采用集体学习的形式(不过,这种形式通常更费时间)和群组动态过程。
工具:	• 课程应包含对要采用的学习方法的适当描述; • 针对相关学习服务提供者的学习方法(以经验为基础的知识收集,例如具体形式和学习方法的"不同应用")应用准则。
要求:	c)明确指定提供学习服务时以及监测和评价学习转化时的角色与职责。

3.2.3	教学方案策划
说明：	在准备、提供和评价学习服务中，利益相关方的积极参与，会对课程的制定形成一个特别的挑战。在这一情境中，必须区分下列问题：利益相关方在事前和事后能够和将会给这一过程带来什么？ 　　来自学习成果实施过程的参与者的真正参与，特别具有激励作用，但也特别耗费时间。在通过访谈、集体目标设定等组织利益相关方参与时，特别具有激励性。
工具：	• 课程应包含关于利益相关方的参与情况的详细说明； • 采用口头/书面反馈及与群组或个别参与者的对话，通过学习成果测试（包括其评价结果）自我评价尺度； • 内部审核应考虑利益相关方参与。
3.3 3.3.1	学习服务的提供 信息和引导
要求： 说明： 工具：	a）所提供的学习服务的目的、形式和内容，包括指引和用于评价的标准，以及基于学习完成情况的证书或报告的预先信息。 此项要求主要通过提前编制课程或同类信息材料得以实现。 　　应当在启动会议上，展开关于本主题的对话。在这种情况下与参与者，以及/或者赞助人进行个别协商尤为重要。在可能的情况下，应形成特定的工作协议（例如在特定情境下或针对特定主题的支持）。 • "交付学习服务"过程描述； • 在学习服务中纳入利益相关方的范例和模式； • 研讨会形式的启动会议。
要求： 说明： 工具：	b）关于学习者对学习成就的预期贡献的预先信息。 学习者是确保学习过程成功最重要的主角。在开始提供学习服务之前，学习服务提供者必须公开解释掌握学习材料所必需的学习量。在这里，成功掌握学习材料所必需的平均时间是重要的信息。学习者应当感到在朝向积极参与和努力投入学习过程的方向上得到了激励和引导。 • 有关所需的平均投入时间的信息； • 对学习者尽到良好激励职责的范例； • 记录学习者责任与承诺的样本（如表格样本）。
要求： 说明： 工具：	c）关于学习服务提供者承诺和责任的预先信息。 确定和传达学习服务提供者的承诺和责任是一项重要的质量要素，需要评估和确保传达的适用性。传达过多或过度传达会快速导致学习者在学习方面的"需求心态"。传达过少会快速导致学习者在学习方面的局促不安。 • 明确汇总了学习服务提供者的承诺和责任的合同样本； • 提供学习服务的过程描述，包含学习服务提供者和学习者的具体承诺与义务。
要求： 说明： 工具： 参考：	d）建立相关方的不满意，或者任何相关方与学习服务提供者之间的分歧处理程序。 　　应当通过问题、不一致、投诉、纠正和预防来管理此类情况。遗憾的是，这些不同的形式，很少被单独分类管理。标准的要求直接指向"投诉"类别。这主要涉及处理问题时的迅速识别、披露、事实和建设性的评价、立即采取的或尽可能快速的反应，以及处理问题时就主题和学习过程进行关联。ISO 10002 提供了非常好的支持，它是有关于投诉和索赔的实用指南。 • 过程描述，例如不符合管理、纠正和预防措施、投诉管理； • ISO 10002 质量管理 – 顾客满意度 – 在组织内处理投诉（ISO 10002：2010—05）； • 冲突解决方法，例如调停。 • 本表 4.10 部分——相关方的反馈。
要求： 说明：	e）关于学习支持的预先信息。 本条款说明涉及学习环境包括图书馆使用、提供更多计算机工作站和自主学习方案的支持，以及相关建议和其他帮助的形式。关于学习支持，院校提供的支持形式很重要。在此，应当考虑到"理所当然"的要素，例如在正式上课时间之余，使用计算机的可能性和其他现实要素。通常会特别重视支持学习服务的特别形式，例如专家热线、专家指导，以及开放电子学习平台并为电子学习平台提供相应支持。

3.3.1	信息和引导
工具：	• 提供学习服务的过程描述，其中应列出和解释支持学习的具体形式； • 整理有关支持学习的最佳做法。
要求： 说明：	f) 有关评价方法和计划的预先信息 德国评价学会——Deutsche Gesellschaft für Evaluation（DeGEval）——制定了评价标准，这为规划和应用评价方法提供了一个非常好的依据。主要步骤如下： （1）关于提供和定义一项评价的决定； （2）规划评价； （3）收集信息； （4）评估信息； （5）撰写针对评价的报告和传达内容； （6）制定评价预算； （7）评价协议； （8）指导评价； （9）为评价安排工作人员。 因为对于大多数学习服务提供者而言，外部评价的可能性是有限的，所以我们在这个例子中引用了德国评价学会的《自我评价领域应用评价标准的建议》。在以行动为导向的模式中，这些具有可传递性、公平性和准确性的各项建议得到了完善的汇总，而伴随这些建议提出了经过尝试与测试的应用方法，例如对学习进度测试结果的评价和各种反馈形式——收集与分析，然后针对学习服务的改进，这一评价可以提供以目标为导向的有效说明。
工具：	• 课程与评估规范； • 应用评价方法的过程描述或指导方针； • 评价标准 ［14；17；18；26］。
要求： 说明：	g) 关于技术性前提条件或其他前提条件的预先信息。 本信息应当确保已经满足所有的技术性前提条件，并且明确学习服务提供者、学习者或任何其他利益相关方是否会负责使这些前提条件可用。也应当理清参与者必须拥有哪些技能和能力、知识、专业经验、资历以及法规要求的资质或证书（例如健康证明）。学习者或其他利益相关方必须获得有关教师的资历和专业经验的基本信息。这一前提条件的沟通传达，是学习服务提供者与学习者之间产生信任的重要基础。同时这会在学习者方面促使形成具体的期望值，然后对这些期望的履行反映在反馈信息中。这些期望值的合理性对于学习者而言也至关重要，因此学习者对他人的期望值与其自身在学习过程中的责任和合作意愿之间的关系应相称。
工具：	• 类似书面概念说明的课程，包含对学习者、教师、学习顾问和其他教育过程参与者的基础前提条件和能力要求。
要求： 说明：	在学习服务交付时或之前，学习服务提供者应告知相关费用。 透明和清晰地沟通与学习服务相关的所有服务费用和资金来源至关重要。良好的概念性建议和学习者的高度互动，可以极大地限制或消除该领域所缺乏的透明度。
工具：	• 资金来源费用概览； • 对成本的验证。
3.3.2	确保学习资源提供的有效性和可获取性
要求： 说明：	a) 课程中所有预期资源的可用性。 学习服务提供者的管理体系应当坚定不移地确保所有预期资源都可使用。这应当涉及制定设备要求、投资规划、运行可靠性的监督规范，以及承诺进行适当的维护与维修工作，并考虑必要的安全性。同样，资源的可用性应当纳入学习服务提供者的运营规划中。通常，大中型学习服务提供者会使用 IT 系统支持管理。

3.3.2	确保学习资源提供的有效性和可获取性
工具：	<ul><li>资源管理系统；</li><li>资源管理的过程描述和其他规范（具体活动例如在技术设施中断和故障期间的规范，以及技术设施使用的行为规范）；</li><li>管理和维护计划；</li><li>检查表。</li></ul>
要求： 说明：	b）学习资源的可用性。 应当从组织和个人确保可以获得学习资源和在应用学习资源时可以获得的能力。这涉及访问控制、安装物理或电子钥匙，通过应用特定的学习资源进行学习（例如互动板块）。
工具：	<ul><li>学习资源使用规范的教程；</li><li>规划学习服务时，将会议室、技术资源、特别示范者等纳入考虑；</li><li>关于使用学习资源方面对教师的能力要求。</li></ul>
要求： 说明：	c）学员可使用课程涉及的所有资源。 　学习者对学习资源的使用是学习服务提供者质量保证中必不可少的组成部分。这涉及有针对性的符合教学法的资源，为此，教师和学习者必须一同合作。当学习者独立使用学习资源时，应当制定明确的指导方针和以文件形式签订的协议，以便应对可能出现的安全问题。课程的一个基本组成部分应当是学习资源的处理能力。
工具：	<ul><li>学习资源使用的具体指导原则的教程；</li><li>针对使用具体的学习资源规则、指令、指导方针或类似规定（例如实验室规则、机房的行为规则等）。</li></ul>
3.3.3	学习环境
要求： 说明：	确保学习环境的适宜性。 　在设计和维护学习服务的学习环境时，学习服务提供者必须遵守法律规定、专业协会的指导方针、资助机构的指导方针等。应当针对正在为之组织学习服务的目标群体，以及在学习过程的背景下要传输的内容和学习环境的具体要求，学习服务提供者都应当收集和评价与开发、使用基础设施和推广学习用的材料的有关经验，并且以具体改进项目的形式贯彻这一经验。如果学习过程是在外部发生，或者在承包机构的场地（例如公司内部的培训）发生，那么必须定义对于学习环境的要求，而且必须监督对这些要求的遵守情况。
工具：	<ul><li>在学习服务提供者质量管理体系资源管理的背景下，确定对学习环境的最低要求；</li><li>针对特定学习服务有关学习环境要求的指导方针；</li><li>开发支持学习基础设施和环境的改进项目。</li></ul>
3.4	学习服务交付的监测
要求： 说明：	收集来自学习者就所使用的方法和资源及其达到议定教学成果的反馈意见。 　学习者的反馈意见是重要的质量指标，也是改进过程的推动力。在此，非正式反馈意见收集方式与正式反馈流程的意见收集方式良好结合非常重要。在许多教育机构，非正式的反馈意见收集方式，例如"休息时和走廊上的聊天"是特别有效的方式，可以预先了解质量问题和冲突等。 　有组织的反馈意见收集方式必须"适合"学习者与学习过程。烦琐和过于苛刻的反馈问卷是没有意义的，因为它与教师对可比方法的使用并不一致。监督应当伴随整个学习过程，而且要特别考虑到在特定阶段（例如考试准备课程）学习者的特殊性和特别压力。监督要设置重要的判定标准，用于判定一个学习过程是否高于或低于正常标准，以及警报/告知何时通过。监督系统也包括升级级别与步骤的规范。配套措施应被纳入质量管理体系的督导和改进过程。
工具：	<ul><li>课程的监测规范；</li><li>参与者满意度的反馈问卷和结构化提问；</li><li>制定期望值的指导，收集反馈信息的具体技巧（例如用卡片、改进研讨会等）；</li><li>为中断、问题、不满等设置升级步骤。</li></ul>

3.5 3.5.1	学习服务提供者实施的评价 评价目标和范围

要求： 说明： 工具：	a）描述评价目标和范围。 在设置目标时，必须区分学习服务提供者之间的两个关注点。 （1）准备用于改进和最优化有关各个部分，应用工作技巧等方面学习服务的信息； （2）收集和分析用于达成有关学习服务方案、工作技巧等的引入、提供、修正或退出决定的信息； 评价"范围"涉及具体的应用领域和时间段。许多咨询公司都低估了将以往的参与者、毕业生等融入这一过程。 ● 课程—评价规范； ● 评价的指导方针。
要求： 说明： 工具：	b）确保记录评价方法和工具。 文件要求是基于质量管理体系的要求而定的，特别是之前提到的评价指导方针。记录规划的评价目标及其运用于后续跟踪非常重要。 ● 评价的指导方针。
要求： 说明： 工具：	c）基于适当目标的规划、选择和提供评价过程。 德国评价学会的标准（见上文）为规划和决策提供了良好依据，并且在此特定情况下，有效性和交付标准特别适用，这是指目标和对参与其中受到影响的个体的识别和准确定位。在评价时，很重要的一点是评价在"现实的，经过深思熟虑，并考虑到策略和成本方面"的模式中进行。通常，学习服务提供者可采用IT支持下的评价过程。这种做法的出发点是学习服务提供者设定的学习目标。 这通常涉及参与者的自我评价，以及在此工作环境下，与学习目标有关的能力开发和方法改进方面的评价。在评价学习时，对学习过程本身的评价与学习转化是相关联的。应当考虑到不同的时间点和时间段。对于所有学习服务而言，应当重视具体的过程和学习过程的阶段（例如实践阶段、理论阶段、学习成果测试、考试的准备以及在具体的工作环境下后续的应用阶段）。 例如，参与者在复杂的期末考试的压力下，而非考试通过后对问题的回答是不同的。当评价这一学习转化时，应当区分在学习转化后的即时评价与在课程结束后一段适当的时间（如六个月）进行评价之间的区别，并且考虑到在工作实践中的应用。 ● 德国评价学会的评价标准——效用和交付标准[17]。
要求： 说明： 工具：	d）确保遵守法律和道德标准。 基本的法律要求涉及维护与学习者有关的数据保护措施。根据联邦宪法法院的规定，信息自决权是一项基本权利。根据法院的规定，受影响的人员可以自行决定要向谁透露个人信息。此外，还有其他相关的法律要求。这些伦理原则涉及维护受评价人的安全和尊严，以及获得完整而公正评价的权利，公正的过程和报告机制，以及对结果的适当访问和披露。 ● 欧洲数据保护公约[32]； ● 指导方针 95/46/EU（数据保护指导方针）[30]； ● 联邦数据保护法案[15]； ● 各类宪章[16]； ● 教科文组织关于跨文化教育的准则[33]； ● 质量方针—依据德国工业标准（DIN）发布的 PAS 1037：2004 中定义的质量管理阶段模型所定的以质量为基础的跨国教育设计[28]。
要求： 说明：	e）确保数据的质量； （1）适合目的且足够全面； （2）系统而精确的分析； （3）有效、可靠和充分的意义。 应当制定问题目录，并在适当的测试框架下进行测试。应当考虑受到质疑的能力（需要针对学习材料进行分析）。关于数据质量，可以再次应用德国评价学会的标准。

3.5.1	评价目标和范围
工具：	• 德国评价学会的标准——准确性标准。
要求： 说明：	在评价中减少偏见的措施。 　　执行评价的人员应当是"个人信誉和专业能力，使评估结果达到最高的可信度和接受程度"（见上述德国评价学会的标准）。如果执行评价的人员为评价主体中的成员，则可能产生偏见（例如由于提供学习课程等而形成的利己主义）。无偏见的评价应当体现在评价小组工作的公平性和客观性中。
3.5.2	学习的评价
说明：	学习评价的重要要求在前文的子条款 3.5.1 条中已有罗列。本子条款专门列出了前面未述及的学习服务提供者的要求。
要求： 说明： 工具：	a）学习进度评估结果的数据保护和数据的可比性。 　　应规定"仅向已签订查看信息合约的人员提供学习服务提供者的评价结果"，这一规定应考虑在全球范围内保护个人数据多样性的要求。例如，在欧洲要获取这些数据是受到限制的（见第 3.5.1. d）条）。为保护个人数据，可以选择匿名数据，来自同一个人的数据之间的相关性被匿名显示，之后总结数据，评估人员仅接收该汇总数据。他们只能以有限的方式对数据进行分组，或者进行计算。 　　因此，在评估策划时，必须事先制定好数据的收集和汇总的规定。否则，数据的意义和可比性是有限的。当采用基准比较进行评价时，这一点尤其必要。其他学习服务提供者的评价数据可以作为评估和解释学习服务提供者数据的基准。 • 欧洲数据保护公约； • 指导方针 95/46/EU（数据保护指导方针）； • 联邦数据保护法案； •《实证社会研究方法词典》（ILMES—*Internet – Lexlkon der Methoden der Empirischen Sozialforschung*）[17]。
要求： 说明： 工具：	b）对有困难和需要特别帮助的学员的评价。 　　本要求指在回答问题时可以提供支持的评价和方式，包括来自工作环境或其他应用环境的相关人提供的支持。 • 关于学习障碍和发展教育学的基本文献[12]； • 有学习障碍者的促进联合会（LERNEN FORDERN – Bundesverband zur Förderung von Menschen mint Lernbehinderungen e. V.）[24]。
3.5.3	学习服务的评价
说明： 工具：	本子条款列出了学习服务提供者关于测量学习服务本身的有效性和质量的要求，只是这一要求尚未在子条款 3.5.1 中提及。 • 之前提到的德国评价学会的标准对执行整个"学习服务的评价"的子条款提供了非常有力的支持。
要求： 说明：	a）识别参与评价或影响评价的相关方。 　　本要求强调了识别利益相关方及其参与评价的基本意义。例如，当组织指派参与者进行培训时，他们应评价合作伙伴，必须与这些不同的利益团体就评价目标、方法和准则达成一致。
要求： 说明：	b）保证评价者的能力和客观性。 　　基本上，对于中小型学习服务提供商而言，主要在组织的约束下保持客观性。这意味着评价应尽可能不当着负责人的面进行（成就和成果）。
要求： 说明：	c）评价报告清晰并准确地描述学习服务、学习服务目标、评价结论以及用来解释结论的观点、程序和基本原理。 　　为了正确地对评价结果进行分类，服务提供商有必要清楚而透明地描述学习服务、结果、期望值、方法和基本原理，学习服务提供者应该使用过去进行的自我评价，其结果被用于改进过程，作为制定评价模型和报告的模板。
要求： 说明：	d）考虑评价背景。 　　可以采用不同方式考虑背景，这取决于学习服务的周期和特定的主题。例如关于机器编程和维修学习过程的要求，它涉及理论学习或解决问题的过程。

4	学习服务提供者的管理
4.1	管理的基本要求

要求：	学习服务提供者的最高管理者应对本国际标准的承诺。
说明：	学习服务提供者的最高管理者通过文件确认遵守 ISO 29990 标准要求。这一承诺是质量管理文件的一部分，而且管理层通过其为质量管理体系付出实际行动来证明其承诺。
工具：	• 承诺宣言； • 管理评审。
参考：	本书 1.1 节列出了 ISO 29990 的特征，这也被视为质量管理的原则，执行这一标准可以证明学习服务提供者的最高管理者遵守这一国际标准的承诺。

要求：	管理体系的建立和文件记录，以及指定管理层团队里一名成员对管理体系负责。
说明：	学习服务提供者必须建立和记录一个可理解、可执行及在不断持续改进的管理体系。学习服务提供者的领导对应用和运行管理体系负有完全的责任。这就意味着必须为管理体系和全体职工的参与制定框架。此外，学习服务提供者必须让本组织管理层的一名成员对管理体系负责，并保持相应的记录。本组织管理层的该名成员将被指定为学习服务提供者的管理负责人。学习服务提供者通过将该负责人的工作整合到学习服务提供者的工作中对其提供支持，特别是在直接涉及质量管理体系的构建、执行和改进的领域。学习服务提供者的最高管理者向管理代表提供相关的信息、决策和基本的业务决策。 管理代表负责质量管理体系的构建、维持和深入开发，以及确保质量管理体系的文件有效运行。 这一任命必须是可验证的（记录在案）。有关职责和权限的详细内容描述在任务/职能说明书中。 对负责人的任命并不能免除最高管理层的其他成员在设计和实施管理体系方面的管理职责。
工具：	• 质量管理手册； • 根据 ISO 29990—PINHA 建立和管理质量管理体系的 IT 程序[23]； • 管理代表的任职责和权限描述或工作说明书。
参考：	本书 5.4 节表 5-2 "创建工作要求档案的样本"。

要求：	ISO 29990 的应用和遵守文档。
说明：	ISO 29990 的应用文档主要是关于质量管理手册的使用。此国际标准对质量管理手册没有定义最低要求，没有对格式和结构进行规定。在 ISO 29990 的 4.2 条款到 4.10 条款中，列出了管理层的文件制定要求。 学习服务提供者制定的质量管理文件，应可供所有相关人员获得。这里所说的相关人，是指为了履行任务并确保实现质量目标而有权限获得必要文件的人员。所有人员都有权获得质量管理手册，而其他文件，例如审核报告或不符合情况摘要仅提供给所述相关责任范围内的人员。 文件的形式可以是多样的介质，如纸质或电子文档。应建立一个使用质量管理手册以及相关的文件的流程，这一流程应保证这些文件的透明度、准确性、流动性和安全性。 质量管理体系文档的范围与注意细节，必须与一个组织过程的预期结果相匹配，因此这一要求既适用于单独工作的个体培训者，也适用于较大型的学习服务提供商。质量管理体系应当以尽可能简单的方式构建，确保可能具有最佳的功能。然而为了实现学习服务提供者的目标，它也应当具有全面足够的相应要求。 在 ISO 29990 中规定了下列文件过程： 4.1 为了确保文件的透明度、准确度、相关性、流动性和安全性，必须对过程予以规定； 4.2 经营计划记录战略、经营目标、管理结构和关键过程与质量方针； 4.4 规定管理体系中不符合项的识别和管理过程； 4.5 a) 记录财务管理体系； 4.5 b) 记录风险识别、评估和管理体系。 除了文件记录以外，附录 A "经营计划的内容"中详述了有关下列领域的更多要求： a) 愿景和使命； b) 质量方针； c) 质量目标； d) 学习服务的需求； e) 组织架构；

4.1	管理的基本要求
工具：	f）关键过程； g）合作者。
参考：	质量管理手册； 根据 ISO 29990 – PINHA 开发和管理质量管理体系的 IT 程序[23]； 本书6.5节说明了为符合认证要求需要准备的文档。
要求： 说明： 工具：	记录保存程序。 　在质量管理手册的背景下，应当制定记录管理程序。在此程序中，应当遵守所有的契约、法律和法规义务，以及确保文件的有效性，例如确保教职工以及外来教师如何能够获得最新和有效文件与数据。 　分发的文件必须清晰可读，并含有状态指示，应避免无意中使用过期的文件。假如应用无纸化流程，其要求是等同的。应当确定相应的责任与权力。学习服务提供者的数据保护要求，应当详细规定。 • 质量管理手册——"有效文件登记"表； • ISO 15489—1:2001 信息和文件——记录管理第1部分：总则[5]。
4.2	战略和经营管理
要求： 说明： 工具： 参考：	学习服务提供者应根据通常可接受的经营策划实践，起草并形成文件化的经营计划。 　学习服务提供者都应当制订一套经营计划，其范围和重要内容应符合组织的规模。利益相关方应纳入业务计划的制订过程中，并根据不断变化的业务条件调整业务计划。同时应考虑到利益相关方的特殊利益。 　ISO 29990 界定了一份经营计划的必需要素与常用要素。这一界定为了使此国际标准也能适用于小型学习服务提供商，包括独立经营的培训师。必需要素列在本标准的第4.2条款中：战略与经营目标、管理架构、关键过程和质量方针。除了上述内容以外，附录 A（参考）还列出了下列要素：愿景和使命、战略发展及定期评估、市场分析、组织和运行结构、合作者等。 • 经营计划模板。 本书5.1节：战略与经营目标的开发； 在本表下文的附录 A 详细讨论了经营计划内容。
附录 A	经营计划的内容
要求： 说明： 参考：	a）愿景和使命 　组织必须明确制定长期发展的愿景。在愿景中，阐明在未来要为其人员和利益相关方实现的愿望。使命是活动领域的当前状态，提供给顾客的服务与优势。愿景要显示顾客在未来可依赖组织的部分。诚信是实现使命与愿景最重要的一项基本原则。应当确保和记录人员在制定文件、持续传达愿景和使命中的参与度以及管理愿景和使命的热诚度。质量目标和实际行动必须与此相符。为了实现愿景和使命，应当制定一份文件，其中应当列出分析与研究的时间段和结果，包括可能的变更。 本书5.1节以图形方式描绘了愿景、使命和指导方针之间的联系。
要求： 说明： 工具： 参考：	b）战略发展及定期评估 　组织的战略发展与愿景和使命的制定密切相关。组织的战略必须专注于组织的业务领域。在制定战略后，该战略应文件化。 　战略开发的文件应当以矩阵形式制定。战略领域、牵涉人员、所需资源以及时间跨度都是这一矩阵的重要组成部分。质量管理手册应当说明管理层开发组织战略的方式。应当设置修订时间，便于评估。除了描述已开发的战略以外，此文件还应记录战略评价的周期（至少一年一次，如适用可与管理评审一同进行）以及评价的依据（关键数据）。评价结果（预期情况）应对更改情况进行记录。 • 战略形势分析； • 优势与劣势（SWOT）分析。 本书5.3节：内部条件与潜能分析。
要求：	c）质量方针和质量控制政策

附录 A	经营计划的内容
说明：	应以书面形式在一份文件中列出质量方针。质量方针基于愿景、使命以及战略而制定。同时，应当承诺不断完善质量管理体系。应当从组织的角度制定质量目标的基本流程。职工必须参与到组织质量方针的制定过程和持续改进的过程中。 必须达成改进质量方针的决策。为实施质量方针，通过文件记录的流程确保职工及其利益相关方能积极参与到这一过程中。 应当定义可测量的指标和关键数据，便于实施质量方针。必须与职工一同制定，如有必要，予以解释。内/外部审核应支持此过程。这也涉及制定目标协议和质量协议，以及采用最佳做法案例和标杆管理技术满足外部利益相关方的要求。
工具：	• 指标与关键数据，例如改进过程和顾客满意度； • 目标协议； • 质量保证协议； • 最佳做法案例； • 标杆管理技术。
参考：	本书5.10节：适应与优化。
要求： 说明：	d) 经营和质量目标。 学习服务提供者应记录其业务与质量目标。在此文件中，应当在组织环境的背景下考虑关键流程、管理流程和支持流程，也应确保组织所有部门都参与其中。 应当分别记录或以子目标矩阵的形式记录改进项目，必须从愿景、经营战略和质量方针的角度考虑改进项目。 改进项目须为可测量/可验证的目标。
工具：	• 指标，例如利益相关方的满意度； • 标杆流程； • 竞争分析。
参考：	本书5.1节列出了有关学习服务提供者经营目标、经营氛围、与利益相关方的关系，以及发展目标。
要求： 说明：	e) 市场分析。 需求分析是市场分析的重要部分，本国际标准的子条款3.1.2"相关方的需求"讨论了需求分析。 以"需求"为主题制定矩阵图分析关于学习服务各方面的因素——运营、成功、失败、失败原因、财务风险、市场上其他竞争者的成功案例、学习服务的周期及其他有助于学习服务提供者得出的有益结论。
工具：	• 顾客细分； • 帕雷托图（ABC 分析）； • 顾客满意度指标； • 竞争分析； • 环境分析。
参考：	本书5.2节：外部条件分析——市场和顾客需求； 本表第3.1.2部分：相关方的需求。
要求： 说明：	f) 组织和运行架构，包括经营领域和合作。 应建立组织和运行的架构图，并列明所有部门的职责和权限。所有职工都应了解这个组织和运行架构。 经营范围和其相关部门的责任与义务应该进行概要描述。 组织应当根据参与的合作项目的重要性，对合作伙伴进行分类，并保持适当的记录。 在执行战略性经营目标时，应当研究合作方和其关联方。在与此过程相关的文件中，可以确定相关人员并识别为特定的利益相关方，也可将合作伙伴列在一个特定业务领域的利益相关方矩阵中。
工具：	• 组织图； • 合作伙伴的分类。
要求：	g) 关键过程的识别和设计。

附录 A	经营计划的内容
说明：	学习服务提供者必须识别组织的关键流程，并进行适当的规范和描述，同时必须指定流程负责人。关键流程应当整合到相应的业务领域中。此外，相应人员应可获得或访问到这些流程。此业务流程应该在内部审核时得到评价。可建立"流程图"汇总重要的业务流程，并描述其相互作用。应特别重视不同流程中的参与者及其小组团队。应考虑过程之间的相互作用。 　关键流程的验证应统一安排，可包括下列要素：利益相关方需求分析、开发教育产品、记录执行情况以及进行严格的评价。关键流程应定期评审和持续改进。
工具：	● 流程图； ● 关键流程的说明和规范。
参考：	本表第 4.9 部分：内部审核。
要求： 说明：	h）合作者 　合作者是非学习服务提供者组织的一部分或自由职业者，不过其仍然为学习服务提供者提供学习服务。合作方可包括培训师、课程规划师、顾问、指导教授、评估员和项目负责人等。学习服务提供者应计划和记录如何将合作者融入学习服务提供者的工作中。 　对合作者的选择和评价应制定相应的评价程序，并保留记录。针对合作者的资格和能力建立具体的评价准则和制定认可的合作者名录。 　合作者应当被视作运营过程中的重要参与者。在制定与合作者和自由职业者的合同时，这是一个应关注的要素，也可采用目标协议。学习服务提供者应当制定合作者人员能力矩阵，其中包括有关深入教育和培训以及相关深化教育措施的当前状态信息。 　学习服务提供者应系统、长远地考虑人力资源开发，这是决定学习服务质量的关键因素，并应相应制定程序文件。
工具：	● 认可的合作者名录。
参考：	本表第 3.1 部分关于合作者参与活动的描述。合作者也是需要识别的重要因素，因为他会影响整个目标的实现，会影响学员能力转化的实现。比如传统手工艺的合作者，作为培训师，技师的导师，应用目标来表达，而不是用学历形式的方式来表达对合作者的要求。
4.3	管理评审
要求： 说明：	按计划时间进行管理评审。 　学习服务提供者必须建立一个流程定期进行管理体系评审（通常为一年一次）。应当规范管理分析的原则、明细表和内容，并以书面形式记录在质量管理文件中。管理评审的执行与分析应当记录在一份成果报告中。由组织管理层展开的有系统和有根据的管理评审应当确保管理体系的持续稳定性、适用性和有效性。管理层通过管理评审，应： ——系统性地了解目前的发展、活动和成果； ——了解管理体系的状态； ——了解作为一个整合了组织所有重要流程的体系，所有参与者对管理体系的执行和理解达到何种程度； ——了解当需要改善时应采取的措施； ——对之前的管理评审中决定的措施，是否进行了系统和有效的实施； ——履行 ISO 29990 的要求，且管理体系可接受外部审核。 　附录 B（资料性附录）列出了应当包含的信息：内部和外部审核的结果，来自利益相关方的反馈，预防和纠正措施，目标实现情况，可能对管理体系产生影响的改变，投诉，管理体系中的不符合项，评价结果。 　管理体系的内容可因学习服务提供者的特定情况而变动。 　适当的质量管理文件（例如职能策划）应描述管理层如何改进管理体系的效率和相关的各个流程。 　应当使全体人员及其他利益相关方知道管理评审的重要结果，并且应当收集反馈意见。必须在专门的质量管理文件中描述这一流程。
工具：	● 内部和外部审核； ● 来自利益相关方的反馈意见表。

4.3	管理评审
参考：	本国际标准的其他章节对管理评审的一些内容给予了定义： 3.5　学习服务提供者实施的评价，见本表第 3.5 部分； 4.4　预防措施和纠正措施，见本表第 4.4 部分； 4.9　内部审核，见本表第 4.9 部分； 4.10　相关方的反馈，见本表 4.10 部分； 本标准附录 B（资料性附录）提供了有关管理体系评审的信息。
4.4	预防措施和纠正措施
要求：	本条款包括四项要求，它们紧密相连： ——设置管理体系中不符合项的识别和管理程序； ——消除导致不符合项的原因的措施； ——消除潜在不符合项的预防措施； ——充分针对所发现问题的后果所制定的纠正措施。
说明：	本条款讨论了发现不符合项和处理其后果（纠正措施）的程序以及消除可能导致不符合项的原因的流程（预防措施）。关于纠正措施，学习服务提供者必须制定在其管理体系中不符合项的识别和处理流程；且应当制定一份流程说明，从识别内部不符合项到管理投诉的原则。 这些原则包括明确重视和允许组织中的不符合文化。只有在开诚布公的氛围下，才能实现一个成功的企业文化。这一文化的重点在快速识别不符合项，公开处理它，消除不符合项和从不符合项中学到经验教训。 识别不符合项，意味着发现不符合的原因和适当对不同不符合项进行分类管理。学习服务提供者应当制定管理不符合项的程序文件。除了轻微的不符合项以外，应当记录不符合项及其处理方式，以便收集数据用于不符合分析、不符合管理和从不符合项中学到经验教训。应当制定一份摘要，详细说明处理不符合项的时间范围，记录已采取的消除不符合项的措施，以及评估纠正措施的有效性。 管理文件的原则也是为有效避免不符合项产生的基础。预防措施有助于提前识别潜在的导致不符合项的原因，并有助于评估由可能产生的不符合项所导致的不利情况。为消除潜在的导致不符合的原因，应当根据评价确定优先顺序。这也包括评价补救措施的必要性或限定潜在的不符合项，以便确保所采取的措施是适当地用于预防不符合项。 全体人员都应当积极参与到预防和纠正行动中，并获得此方面的授权。应当对相关活动予以记录。 已经完成的投诉管理经验，由参与者和项目负责人进行的课程评价、教案分析结果、培训计划、不符合项检查结果、评审记录、内外部审核和课程评价可作为预防和纠正不符合项的文档资料，也可进一步用于投资计划、IT 领域的开发、人员发展计划、安全检查记录、8D 报告（八个强制性步骤）等。
工具：	• 过程或不符合分析——鱼骨图（石川图）； • 数据收集； • 数据分层（根据不同类别的数据分层）； • 帕雷托图（ABC 分析）； • FMEA 评审（失败模式和影响分析）； • 柱状图； • 相关图； • 失效流程过程； • 概率网格； • 说明、描述和文字； • 技能评价。
参考：	本标准附录 C（资料性附录）：预防措施和纠正措施

4.5	财务管理和风险管理
要求： 说明：	a）学习服务提供者必须设计、执行和记录财务管理体系，确保永续经营。 适当的账本和会计运作是财务管理体系的基础。来自税务/会计的年终报表可以满足这一点。它通常也能证明会计系统和成本计算是否准确。 采用目前的大多数记账系统，可以作为工具很快地进行业务分析。 财务管理要素包括财务控制以及预算和成本控制。 财务控制和预算是直接基于财务会计所做的报告。资产负债表分析和盈亏平衡分析可用于财务控制。时间周转比较、年度盈余、债务和股权、流动性及其他因素都可以为业务发展提供有用信息。利用对销售收益率、资本权益报酬率、流动性、现金流、负债比率、权益基础和每名职工收入的关键数字做比较，可做一个定量分析，而且这些往往是银行确定偿付能力的依据。 关键数字，例如市场份额、市场容量、竞争者的数量和按月或按季度的订单时间范围，有助于做经营状况的评价，这些也是规划的重要依据。利用财务计划，可以规划和监测付款情况。资金流量表关注了资金的来源和使用情况。预算制定过程涉及划拨资金给特定领域、项目或教学产品。 成本控制必须提供费用类别的信息（人力资源成本、教室）、成本中心（部门）和成本载休（教学产品、项目），根据周期和运行情况区分。对折旧费用的验证（因为它们与每个结算期的价值创造链相关）以及服务费用的分配，允许按周期进行比较。此外，它们也是成本计算的依据。 收款系统的选择对于有效进行成本控制具有决定作用。只有当成本和收入控制被作为管理工具使用时，它们才能履行其税务职能。因此必须首先理清这一系统应当提供哪些与税务相关的信息，以及应当如何为管理而准备这一信息。一个足够详细的成本结构对内部会计制度很重要。外部会计系统的数据必须经过调整后才能提供给内部会计系统，以便对两者进行成本汇总和严格的详细分析。此外，详细的子账目可以整合到财务会计系统（项目、教学产品、重要的个人顾客、市场板块等）中，或者可以设置额外的账目。计算成本账目（如计算租金）针对成本类型的确定，补充内部会计账目。许多用于完全或部分成本计算的过程都适用于学习服务提供者。应测试应用这些过程的依据，并且按照组织的需要来调整这些过程。这些过程可通过投资和项目控制工具来补充。 应当在一份质量管理文件中描述控制体系，并采用数据处理工具定期检查（记账程序、表格计算）。应当系统化地收集和处理其他学习服务提供者的经验和信息及其成本与成果结构。
工具：	● 资产负债表和损益分析； ● 关键数据比较； ● 现金流分析； ● 损益平衡分析； ● 成本定价法。
要求： 说明：	b）学习服务提供者必须设计、建立和文件化风险管理体系，以确保永续经营。 风险管理是系统地收集和分析风险以及采取风险控制措施。学习服务提供者必须开发一个识别、评价和管理风险的系统。此外，建议遵守下列四个步骤： （1）设置组织目标。在此，应考虑到学习服务提供者的战略性业务领域，它们会对组织产生整体影响。 （2）应针对战略性业务领域进行风险分析，重点在于风险识别和风险评估。 （3）应当针对战略性业务领域风险进行整合。 （4）应当制定执行风险管理的方法和程序。 在学习服务提供者战略发展的背景下，用于战略性业务领域的风险评估的方法和步骤应被应用和验证。这就包括对总体框架条件、优势、弱点、机遇和风险的分析，以及对全体职工进行询问，以便描述重要的发展前景。 建议制定一个风险矩阵，在这个矩阵中根据类别汇总风险：战略、市场、财务和社会政治风险、管理风险、价值创造链的风险和支持流程。可以从特定学习服务提供者角度，更加详细地描述各个风险类别。

4.5	财务管理和风险管理
工具：	• 优势与劣势（SWOT）分析； • 风险矩阵； • 可行性研究； • 平衡记分法； • 故障树分析； • 风险检查表； • FMEA 模式和影响分析（失效模式和影响分析）； • ISO 31000:2009 风险管理——原则和方针[8]。
参考：	本书5.2节：外部条件分析——市场和顾客需求； 本书5.3节：内部条件与潜能分析。
4.6	人力资源管理
4.6.1	学习服务提供者的工作人员和合作者的能力
要求： 说明：	学习服务提供者必须确保所有职工和合作者都有为提供服务及在管理体系中履行职责所必需的能力。 　　学习服务提供者应为每位职工和合作者制定一份岗位说明书，在其中规定提供学习服务所必需的关键能力及其在管理体系中的责任。 　　学习服务提供者应该识别关键流程上有关的关键能力要求，并列举关键岗位的能力要求，和制定岗位说明书（样本）。在此范围内，学习服务提供者必须列出在每个相关职责领域所需具备的能力。 　　为了确保有效性，能力要求描述应当基于人力资源开发阶段的成果予以定期评估（通常是一年一次）。应以适当方式将合作者纳入此过程。学习服务提供者应当保证提供相应的数据安全保护规定。 　　在本国际标准的附录 D 中，列出了关键能力并将其划分到能力领域的示例。本书5.4节的表5-2是附录D各个能力领域的明细表，它有利于确定相关工作说明的相应差异化内容。 　　矩阵是适于岗位描述过程的一个工具，除了根据关键过程确定能力以外，这个过程还会对各个能力组成进行定性评价（排序）。它使当前职工和外部合作者的能力要求描述具有可比性和透明度，见本书5.4节表5-2"创建工作要求档案的样本"。
工具：	• 岗位描述样本。
参考：	本书5.4节：人力资源开发。
4.6.2	学习服务提供者能力、绩效管理及专业发展的评估
要求： 说明：	a）评估、评价和记录与岗位描述相关的每名职工的能力。 　　应当采用相关的岗位描述评估、评价职工和合作者。应当在一份文件中规定这一评估和评价。评价可以口头或书面形式进行。如果评价是口头做出的，必须记录评价内容。能力评价也用于支持全体人员在实现能力目标时的业绩表现。
工具：	• 评分模型或排序模型； • 与职工及合作者的讨论记录。
参考：	本书5.4节：人力资源开发。
要求： 说明：	b）收集和评价有关能力与绩效的反馈意见。 　　下列方法可作为收集信息的基础：包含提供给教师的有关课堂反馈意见的课程观察资料、书面和口头询问参与者、同事的反馈意见、由其他利益相关方提供的评价、投诉分析、审核结果的比较（比如在商会中）、对教师改进意见的评价。应当尽早进行反馈意见的分析，以便将其用于改进。
工具：	• 反馈规则； • 参与者的评价表； • 同行报告； • 360 度（全方位）反馈意见。
参考：	本表第3.5部分：学习服务提供者实施的评价。

4.6.2	学习服务提供者能力、绩效管理及专业发展的评估
要求：	c）获取来自职工和合作者有关其激励情况和工作满意度的反馈意见。
说明：	可以通过人员调查和所列的反馈方法确定激励情况和工作满意度。可通过其他间接评价，包括职工的离职率、守时情况、参与培训活动、病假和其他缺勤情况。 也可从企业文化及其沟通和领导风格来观察激励情况和工作满意度。 学习服务提供者应当设置和记录相关的监测程序。 职工的激励和工作满意度是工作成功的基础。应当在一份质量管理文件中全面规定和确定可以恰当识别、激励和支持人员的方式（例如以与全体人员展开年度绩效、资历要求和观点会谈的形式、通过适当的差异化的绩效工资、由组织整体业绩中拥有财务权益的人员，以及通过特定人员有关教育产品和能力领域的责任分配）。对于外部合作者，必须采用一种适当的方法。
工具：	• 有关目标的协议； • 通过目标进行管理。
参考：	本书5.4节：人力资源开发。
要求：	d）持续专业发展及其评价和文件化。
说明：	持续专业发展表示在工作过程中和通过资格认证的方式获取能力。各个职工的短、中、长期持续专业发展，是通过采用最新的岗位描述对每名职工的能力进行评价，并对评价结果进行比较而确定的。 根据这些结果，学习服务提供者必须确保职工和合作者能获得持续发展其专业能力的工具。对于职工，也可采用组织内的目标协议工具。各个目标协议应基于专业发展的当前状态而制定。必须根据组织的中期和长期策略分类整理这些目标协议。通过设置作为目标协议一部分的里程碑和执行信息反馈，应当确保达成预期目标。 对于外部人员，应在包含学习服务提供者发展要求的协议中列明适当的专业发展形式。为了双方的利益，可基于此点来考虑中、长期的改变。应为外部教师提供机会，参与由学习服务提供者举办的专业发展活动。 应在针对全体人员的资历计划中汇总各种资历获取措施，并将该计划作为质量管理文件的一部分。
工具：	• 有关目标的协议； • 通过目标进行管理； • 资历计划。
参考：	本书5.4节：人力资源开发。
要求：	e）团队能力的评价。
说明：	学习服务提供者必须确保一定时间范围内提供学习服务所需的能力。除了各个团队成员的能力评价以外，展开和更新整个团队的能力评价也很有必要。这些评价使在组织层面上研究能力发展需求以及基于此需求制定一个团队发展流程。应当按照个人情况分解描述理想的未来和现在的能力状况。这是识别相互替代性以及对外部教师需求的基础。从长远来看，这可支持学习服务提供者内部的知识管理，特别是保留离职人员的培训/技能资料。此外，可取的当前能力对比对于现实的课程设计、选择新职工或外部合作者以及新领域的开拓或开发都很有价值。
工具：	• 差距分析； • 优势与劣势（SWOT）分析； • 评分模型、排序模型。
参考：	本书5.9.3节：评价学习服务提供者。
要求：	f）遵守法律法规和通用标准。
说明：	必须确保职工及必要时外部合作者从一开始就参与制定和处理评价过程、绩效管理和专业发展。必须以透明而及时的方式进行能力评价。必须遵守就业法和数据安全保护法的相关要求。应当至少一年一次或在措施完成后，向职工与合作者传达这些成果。通常必须依照法律规定及正义原则与人格尊严进行。应当定期审查对这些要求的履行情况。
工具：	• 欧洲数据保护公约； • 指导方针95/46/EU（数据保护指导方针）； • 联邦数据保护法案和各联邦州的数据保护法案。

4.6.2	学习服务提供者能力、绩效管理及专业发展的评估
参考：	本表第3.5.1 d）部分：确保遵守法律和道德标准。
4.7	沟通管理（内部/外部）
要求： 说明：	促进所有问题的双向沟通，这会对职工和合作者产生直接影响。 应当以规定过程进行正式沟通（例如服务和项目讨论会）。必须以适当形式将正式沟通的结果传达给职工和合作者。学习服务提供者决定是否进行书面沟通以及采取何种形式进行，将要沟通的事项、组织规模和沟通要求纳入考虑范围。 学习服务提供者应当向职工和合作者提供在学习资源背景下进行非正式沟通的机会。非正式沟通被认为是"临时"交流，主题没有计划，所用语言更加随意和不正式。这一沟通具有工作和社交的功能，即工作信息通过非正式方式交流，社交功能包括例如传递社交习俗或不成文的规则。在某种意义上，它们是组织的基石。 学习服务提供者应当基于战略发展而应用创新形式的对话、沟通和集体学习。在一定的范围内，应当推广人员之间的个人沟通，并考虑将其作为组织发展的一部分。
工具：	• 内联网； • 时事通讯； • 公告牌。
4.8	资源的分配
要求： 说明：	根据需求部署教职工和学习资源。 学习服务提供者必须确保选择和部署合适的人员。其基础是制定目标、要求、人员岗位描述和个人及整个团队的评价结果。此外，组织可以建立一个数据库，包含人员概述，内容至少包括人员的能力、资历、适当的部署领域及专业经验。 可以以矩阵形式记录针对目标群、教育产品和过程的人力资源的要求。 必须考虑到所有资源的适宜性、可用性、维护和数据安全保护措施。无论是职工、导师，还是外部员工的损失，都可能对风险管理产生影响。 应当识别每门课程必需的学习资源，并且应当确保每门课程的执行。此外，应当采用通过IT支持的资源管理或对学习资源及其重要性（适当性、可用性和维护）进行分类。必须记录维护、修理和保养资源的间隔时间。
工具： 参考：	• 以IT工具为支持的资源管理。 本表第4.6部分：人力资源管理； 本表第3.3.2部分：确保学习资源提供的有效性和可获取性； 本表第3.3.3部分：学习环境； 本书5.5节：实现资源共享。
4.9	内部审核
要求： 说明：	确定内部审核的程序。 内部审核应当确保ISO 29990的要求得到有效推行，并且管理体系得到长期有效的实施和维护。一个有效的审核流程应当能发现学习服务提供者的优势与弱势，并能触发流程改进。 为了测试管理体系的有效性，应当在质量管理文件中规定评价和审核的方法与措施。审核方案必须最多在36个月内涵盖所有流程。学习服务提供者的关键流程，必须是审核与管理体系本身的核心。必须关注之前的审核结果。审核计划必须确定哪些人，来自内部还是外部，将负责审核什么内容。必须证明审核员拥有必需的审核能力，并且熟知国际标准。总体而言，审核员不得审核自己的工作领域。必须定义每项审核的要求，特别包括具体目标（引进新流程、解决出现的问题、具体的质量情况、来自顾客的反馈意见）。应当制订一份审核计划，就执行和报告达成协议。本计划应当灵活制订，以便在审核期间可以根据风险调整重点（根据审核收集到的信息确定必要的调整）。 必须将审核结果通知到所有被审核领域的负责职工。 对于外部合作者，只有当其受到直接影响时，此规定才适用。应当谨慎权衡知会职工和合作者的程度，以便确保其能积极参与，特别是改进过程。 必须在部门中沟通和评估改进的机会。这些讨论的报告或摘要是审核过程的组成部分。内部审核所确定的措施必须立即和适当执行。此条特别适用于消除不符合的情况。在此必须评估纠正措施的有效性。

4.9	内部审核
工具： 参考：	• 内部审核程序； • 审核方案； • 审核计划； • 审核报告。 本书第 6 章：认证。
4.10	相关方的反馈
要求： 说明：	收集反馈意见、提出回答并在必要的时候做出反应。 　　学习服务提供者必须制定一份程序，及时收集投诉、改善建议和其他来自利益相关方的观点。可以差异化应用这些反馈，方法包括：根据议定的考察、观察和监测标准进行集体评价；口头与书面询问；为未来的课程制定改进意见；来自利益相关方关于应用转化效应的信息。 　　必须记录来自利益相关方的反馈意见，使相关职工与合作者引起重视并进行分析；也应当在有需求的时候，将结论传达给利益相关方。 　　来自下列文件的信息应当在持续改进的背景下做沟通之用：顾客满意度与成功分析、管理评审、与体验性成功转化学习过程有关的文件、课程评价和进度确认。 　　应当由管理层组织这些沟通，并且应保持相关记录。 　　应当以系统的方式与顾客群进行互动交流。应当持续地以有意识的方式收集顾客需求信息、创造成果过程中的参与度，特别是他们从实践中的有效性这一角度所做的评价，以及在工作过程中的知识应用情况，追踪教学过程。 　　工作的工具包括：顾客数据库、因组织内工作过程形成的文件、可以提供给实践合作伙伴的教育需求分析、投诉程序、向顾客提供的产品和服务、顾客对话记录、满意度和成功分析、交互式网站、营销活动和顾客服务。重点在于与顾客的直接对话。 　　在此过程中应当采用的原则和方法应在质量管理文件中予以反映。适当地记录以确保工作的可追溯性。
工具： 参考：	• 顾客数据库； • 满意度和成功分析。 本表第 3.3.1 部分：信息和引导； 本表第 3.5 部分：学习服务提供者实施的评价。
要求： 说明：	投诉和申诉处理流程。 　　应当建立本流程，并且利益相关方应当获知本流程的运作方式。必须定期评估和记录投诉与申诉。负责管理学习服务的人员应负责管理投诉。这包括记录、处理、反馈和总结每宗投诉。只有在极端情况下才能以超出标准流程、逐步升级的方式记录问题，并处理投诉。在每种情况下，负责人都有义务通知质量管理领导者。 　　有关投诉和申诉的重要信息，例如投诉详情、负责处理投诉的人员、过程和时间范围，应当提供给所有与提供学习服务有关的人员。投诉和申诉处理表单样本，应有利于为与这些问题有关的人员提供具体的处理方式。
工具： 参考：	• 表单； • ISO 10002[4]。 本表第 3.3.1 d）部分描述的学习服务提供者和利益相关方解决问题采用的方法的预先信息。

58

5 引进与完善质量管理的工具

鉴于质量测量与评价的重要性，学习服务提供者必须对其在学习过程中应达到的水平做出明确的要求。这有助于学习服务的策划和实现。国际标准 ISO 29990 中已描述了基本要求。此处提供更全面、更深入、更精确的有关过程和子过程的质量要求说明。此处所提出的建议和意见，对于学习服务提供的成功至关重要。这些建议是基于现有的实践经验和讨论的成果，从而把当前掌握知识的情况反馈给学习服务提供者。

我们将以检查清单、运作图、关键指标、样本文档和其他工具，以及注重实践的方法引导与完善质量管理。

5.1 战略与经营目标的开发

为了在管理者和雇员间促进自我理解，并给学习者和其他相关方提供信息，以金字塔图形描述愿景、使命和指导方针。这个金字塔图形涵盖了学习服务提供者的重要目标和实现目标的基本条件的描述（见图 5 - 1）。

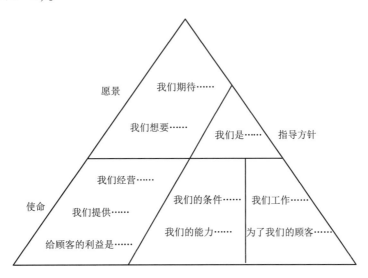

图 5 - 1　愿景、使命和指导方针的描述（样本）

公司和机构的目标构成可以包括对达成教育与学习目标的描述和经营目标的信息。学习服务提供者的主要目标指以下方面：

满足学习需求；

达到教育方针要求；

实现盈利；

扩大市场占有份额；

保证质量；

实现创新。

为了发展和传递学习服务提供者的目标和任务，需讨论以下几个问题：

（1）学习服务提供者的组织目标

公司或教育机构的合作目标是什么？（学习服务提供者提供的优势是什么？）

学习服务提供者的理念是什么？

公司和机构的不同点是什么？

承担的责任是什么？

核心能力是什么？

学习服务提供者的独特销售主题是什么？如果没有独特的销售主题将会失去什么？

（2）合作环境

人员如何一起共事？

管理者、职工与合作者承诺是什么？

制定的优先顺序是什么？

（3）与相关方的关系

学习服务提供者如何与相关方相处？

公司或机构应将何种形象传达给学习者或其他相关方？

如何与客户接触？

相关方应如何看学习服务提供者？

（4）学习服务提供者的发展目标

学习服务提供者的发展方向是什么？

为什么投资者愿向该机构投资？

学习服务提供者应将何种形象传达给相关方？

学习服务提供者的基本目标和职权范围的运作是战略策划的要求，包括以下方面：

——战略性经营计划；

——新教育产品的策划开发；

——合作性策划。

5.2 外部条件分析——市场和顾客需求

5.2.1 分析领域

如果学习服务提供者没有扎实的基础，那么将无法给予高质量的服务。因此，了解影响学习服务提供者的本质和发展潜力的因素很重要。

影响学习服务提供者的外部因素，尤其会影响到现有和潜在顾客需求的发展、竞争形势和总体环境因素等。

分析和评价外部条件应包括以下几个步骤：

——市场分析（潜能分析、需求分析以及顾客和参与者的"消费者行为"分析）。

——竞争分析（竞争形势分析）。

——环境分析（环境评估）。

5.2.2 市场分析

市场分析旨在对教育产品需求群体质与量进行评价，以及评估具体的顾客潜能。市场分析应关注以下问题：

——需求者是谁？

——有多少需求量？

——他们为什么想要使用教育服务？

——他们需要的教育服务是什么？

——在他们接触到的教育服务的范围内，他们是如何获得信息的？

——是什么标准决定他们将会使用教育服务？

当进行市场和竞争分析时，应集合这个行业、目标群体和主题范围。

有关顾客购买行为，教育服务提供者在评估顾客潜能中是否发挥作用的问题：

——购买特定教育服务的是谁？

——不购买教育服务的是谁？

——特定的优惠有什么优势？

——解决了哪些问题？

——我们能为潜在顾客提供哪一项他当前在别处购买的教育服务？

——他们购买这些教育服务的价格是多少？

——他们向谁购买这些教育服务？

——何时购买教育服务产品？

——为什么购买教育服务产品？

这些问题用来确定使学习服务提供者的服务产品更加准确地与顾客需求保持一致。

5.2.3 竞争分析

学习服务提者可定位与竞争对手相关的产品。

对此进行观察是增加竞争力和获取战略竞争优势的一个重要条件。

观察的目标是发现竞争者的优缺点，辨别成功的模块与模式，并对个人行为进行总结。竞争分析尤其应关注服务规定的因素和条件，包括：

——产品和服务。

——设施设备。

——能力、专业技术。

——销售组织。

——提高营业额。

——容量耗尽。

——组织文化（组织氛围，职工满意度，领导方法）。

——人力资源招聘和人员流动。

不仅是辨别分析当前竞争者，辨别分析潜在顾客也很重要。以下竞争分析问题在观察竞争者时可参考：

——提供者是谁？

——有多少人？

——他们提供的服务是什么？

——他们给其顾客提供的学习环境是什么？

——他们使用的市场工具是什么？

——他们有多成功？

——他们的成功如何体现？

——为什么他们很成功？

——他们与我们竞争的程度有多大？

对竞争者持续观察，应建立一个相对的优劣势档案。建立竞争对手档案是很有用的。

5.2.4 环境分析

强有力的指导方针的发展和学习服务提供者的战略策划需要对组织整体进行分析。学习服务提供者的主要环境因素总结如图 5 - 2 所示。

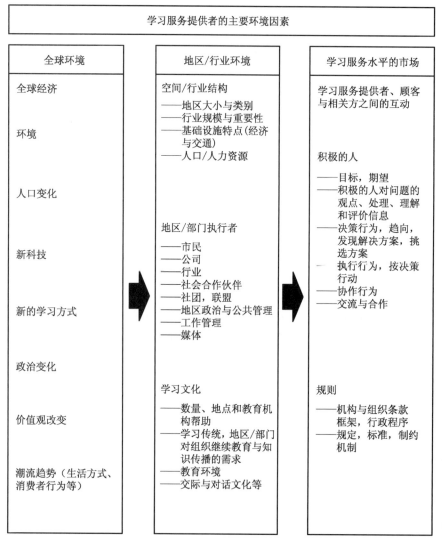

图 5 – 2　学习服务提供者的主要环境因素

5.3　内部条件与潜能分析

为了获得长期成功，对于检验学习服务提供者的潜能以及当前与目标和任务有关的条件是至关重要的。为了对所需质量进行相关分析，我们必须调查和评价对服务规则造成的内外部影响（顾客潜能、竞争形势、环境），因为这些影响与以下因素相关：

- 组织（潜能分析）；
- 人力资源（能力分析）；
- 服务范围（服务分析）。

所得内外部的影响因素的信息应用于战略形势分析，其中分析以及过程如图 5 – 3 所示。

SWOT 分析法中阐述的优势和机遇，展示了在学习服务提供者的目标和任务里被证实的可能的行动步骤（见图 5 – 4）。

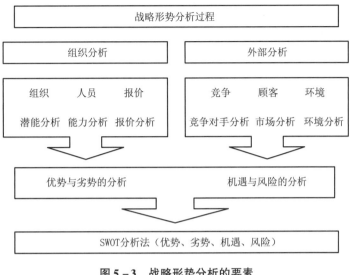

图 5 – 3   战略形势分析的要素

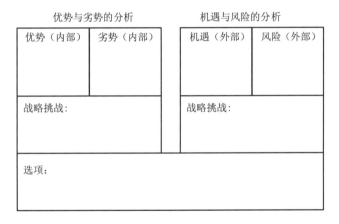

图 5 – 4   SWOT 分析工具

5.4   人力资源开发

ISO 29990:2010 将关注焦点集中在学习服务提供者的能力上，强调在教育和培训的相应领域人力资源开发对服务提供者在教育和培训中质量管理的重要性。开发的需要适用于教职工，负责领导、保障的人员，支持过程（例如学习服务提供者的行政部门）。

在必要的具有灵活性和"以工作为导向的转变"的背景下，人力资源开发应促进从功能导向转向过程导向。这伴随着"工作丰富化"的过程，需要全体职工集中进行各类先前由专业人员组织的活动。

人力资源开发支持组织向以过程为导向的转变，有助于全体职工更强的"行动"导向，尤其有助于全体成员提高在服务规则上应对变化需求的能力。

直接提供服务的人员应发展和深化其专业和教学能力。这个发展考虑到前提条件的改变，学习与教学的条件，对其来说是一种教学和学习文化整体转变的表现。

以下发展趋势和过程，对学习服务提供者中教学人员的资历尤为相关：

——正规在校学习与非在校的职业学习过程与日俱增的重要性。

——个体学习行为的变化，尤其在学员获取教育信息日趋独立的方式中有所体现。这个趋势反过来使个体学习能力的重要性成为必需。

——教师的角色转变：传递与交流信息将加入教学的职能中，甚至在部分或整体取代辅导员以及导师和其他支持功能。

——"新型学习世界"产生与发展的过程包括新的教学方法的产生和学习规划安排（新型学习方式、学习地点、教学形式、方法与过程等）。其应用和适应于学员新的需求（个体化、以个体为导向以及模块化的学习等）。

教学文化的转变同社会环境和前提条件一起增加了对教育与培训的需求。这体现在日益增长的、在结构上对"教育职业人士"的资历需求上。为了确保教育服务的长期规则，很有必要让人力资源部门人员自主决策。让人力资源部门形成明确目标任务和时间表。此概念基础应产生于加深考虑到以上讨论的发展趋势，从此为教育人员未来的专业化做准备。

学习服务提供者的开发中重要的一步是制定不同群体的能力档案。ISO 29990:2010 子条款中明确要求对人员的能力进行评估并以职位要求的形式记录存档。这将确保全体职工的职业发展和结果的保留。

ISO 29990:2010 附文中列出了确保学习服务提供者工作的重要能力领域之一是专业素质。这一能力领域直指进行服务的过程和与之相关的领导能力与支持过程。它由三个能力组成：

- 提供学习服务的相关能力；
- 全体职工能力；
- 经营能力。

这个结构与德国常见的能力排序要求的主体能力、社会能力与个人能力不一致。附文中的个体能力领域是根据"经典"能力内容领域的目录列出的。

"提供学习服务的相关能力"的列表反映 ISO 29990 试图通过学习服务提供者来支持教学质量管理的维度。尽管教学质量问题很复杂，它的可测性和其他质量维度有区别，以及有许多开放性问题，此表提供了各种学习服务所需的能力。

以下概述根据 ISO 29990 中列出的能力领域，见表 5 - 1。

表 5 - 1　学习服务提供者的能力领域与 ISO 29990:2010 描述的能力领域

提供学习服务的相关能力	
能力领域	描　述
学习理论的应用	——相关学习方法的掌握 ——将知识转化为应用的能力 ——学习关系的发展考虑到学员作为积极的角色，自我引导与自我管理 ——转化视角的能力，从信息传播者到学习顾问的角色
学习方法的应用	——了解并有意识地使学习方法适合学员，考虑到学习和转化目标，学习内容和先前知识与相关的学习类型等 　学习方法包括： 　　○ 时间管理 　　○ 学习计划与工作计划 　　○ 阅读技能 　　○ 记忆技能 　　○ 沟通技能 　　○ 应对考试恐惧 　　○ 改善学习动机与注意力

提供学习服务的相关能力	
能力领域	描　　述
学习方法的应用	学习方法应支持： ○ 弹性学习 ○ 自主计划 ○ 学员自主控制学习过程 ○ 学习内容和经验与先前知识相结合 ○ 传播学习热情
选择与使用材料来支持学习	——适当使用辅助学习的材料 这是要求： ○ 选择与批判性评估材料的能力（基于对学习需求与前提的掌握） ○ 准备教学材料的能力 　■ 评估应用教材的能力（特别在交流与互动中） 　■ 决定学习情境与训练设计中嵌入学习单元的能力 ○ 在教学中使用新媒介的能力 辅助学习中合适的教学材料： ○ 涉及激发学习的问题和话题 ○ 帮助学员根据其需求调整学习过程 ○ 提高：——自我引导 　　　　——转化 　　　　——行动导向
应对特殊与多样性需求	——从学员角度观察事物的能力 ——在学员中以实施无差别对待为标准和行为规范的能力
学员评估	——检验、测量与评价（学习过程控制），特别是提高学员知识与技能的能力 ——估计并有效使用对不同形式学习过程控制所必需的全体职工和时间资源的能力（书面考试、口试、任务、作业等）
领域专家	——达到在特定领域所必需的专业标准的以行动为导向的知识和能力 ——目标具体的知识与能力（专家知识） ——应对问题的专家或专业知识 ——在学员获取专业知识与付诸实践时进行引导与建议的能力
课程发展	——整合以目标为导向的连贯的教学项目的能力 ——制定合适的课程从而创造最佳条件的能力
评测学习需求	——通过考虑专业知识以及个人、社会和沟通技能，发现改进和潜在改进的能力 ——阐明学习目标、内容、方法以及条件的能力 ○ 必学内容（分析主题） ○ 学习地点与学习方法（分析学习条件，考虑前提与动机） ○ 向谁学习（必要的学习搭档，内部或外部专家等） 确定学习需求需考虑以下几点因素： ○ 学员人数，学习服务时间表 ○ 决定课程内容和考试规则 ○ 弹性制与开放制 ○ "说教式的设想"有助于联系学员以及学员需求 ○ 学员档案 ○ 沟通结构

提供学习服务的相关能力	
能力领域	描　述
使用学习技术	——以清晰训诲的概念发展与实施技术支持的学习服务的能力，关注多媒体辅助的可能性 ——掌握技术支持下学习的基本类型，比如以计算机和网络为基础的培训 ——学会使用由学习技术提供的可能性 　○ 克服学习空间的限制 　○ 在传统教学设施之外识别与使用真实生活空间，如另外的学习空间
个人能力	
能力领域	描　述
有效倾听与沟通	——这个能力是： 　○ 专心听讲 　○ 公开提问 　○ 充分表达想法与感受 　○ 建立沟通 　○ 接受立场 　○ 建立公开对话
准备报告	——这个能力是： 　○ 准备和发表紧扣主题与吸引观众的演讲 　○ 选择并使用适合主题的视觉多媒体 　○ 辩论并使人信服 　○ 生动描述复杂的情景 　○ 以使人理解和兴奋的方式进行描述 　○ 唤起、引导与保持学员的注意力和兴趣
激励人们	——这个能力是： 　○ 设立目标 　○ 吸引学员兴趣并使学习卓有成效 　○ 适应工作氛围 　○ 创造互相合作的气氛 　○ 促进承诺 　○ 增进学员的自信心
促进学习	——这个能力是： 　○ 理解学习的必要前提 　○ 计划学习步骤
处理冲突	——这个能力是： 　○ 识别评价意见相左与利益冲突 　○ 识别评估并注意冲突的迹象 　○ 以目标为导向的方式，使用降级策略 　○ 适当使用冲突解决策略 　○ 使用正确的语气
持续的职业发展	——以自主引导与关注的方式为持续的职业发展决定目标与必需的任务的能力 ——重新考虑自身的能力并能跟进变化的需求，连同因现代化所引起的变化过程 ——创造性地利用公司整体潜力实现公司服务的有效性 ——提供学习服务的能力不断地定义他/她自己的处境，以及决定它的变革和现代化的过程

个人能力	
能力领域	描　　述
有效使用信息技术	——能够使用多媒体使其在处理复杂问题时展现认知功能 ——能够使用社会软件应用（网络 2.0）等
对平等对待与多样化保持敏感	——反对歧视的能力与意愿，无论是基于性别、种族、民族、遗产、公民身份，还是对宗教信仰、年龄、残疾、性取向的社会层次歧视 ——识别与还击一切欺凌行为的能力（诋毁、辱骂、故意排斥、威胁他人、传播有损专业性的有害谣言、蓄意提出过分要求的行为） ——有意识营造宽容开放与欣赏多元文化的能力 ——视多样性为机遇的能力并以此使学习卓有成效 除此之外，以平等对待作为准则，其中包括： ○ 促进机会均等 ○ 防止歧视与不利因素 ○ 促进与维持互相合作的氛围 ○ 管理多样化
遵守行为准则	——致力于观察与实施学习服务提供的原则，关注普遍道德、民主与职业观 ——观察需求，比如： ○ 公正、公平对待的行为 ○ 承担责任 ○ 有素质意识的行为 ○ 对团队工作准备充分 ○ 对提供服务准备充分 ○ 以效率为导向的观念 ○ 以革新为导向的观念 ○ 发展富有成效的价值导向、态度与理想
跨文化能力	——文化敏感性 ——文化分析技能 ——在跨文化情境中转化视角的能力
指导、辅导与监控的能力	互动并进行有效学习引导的能力，如： **指导能力** ○ 有意识地建立引导的角色 ○ 积极并有意愿坚定贯彻价值观、理想、意图与目标 ○ 有能力应对冲突 ○ 直觉 ○ 眼界 ○ 战略思维 ○ 概念性与系统性思维 ○ 有效行动 ○ 毅力 ○ 沟通能力 ○ 团队合作能力 ○ 情景意识 ○ 沟通、管理、指导与解决问题的能力 ○ 环境、身份与角色的意识 ○ 推动变化过程的能力 ○ 发展创新形式的沟通能力和在教育机构中发展学习过程的能力

个人能力	
能力领域	描　述
指导、辅导与监控的能力	**辅导能力** ○ 以解决方法为导向的辅导能力 ○ （以经验为基础的）有效沟通知识的能力 ○ 专注行为 ○ 倾听的能力 ○ 影响他人的能力 ○ 建立人际关系的能力 ○ 帮助他人的能力 ○ 识别并联系与决策有关的信息的能力 ○ 沟通媒介 **指导能力** ○ 支持学员 ○ 发现并考虑学员个人情况 ○ 作为问题的内容与方法关联的作用 ○ 作为学员接触社会联系的功能 ○ 交流/传递知识的能力，扮演知识传送者的能力 ○ 过程指导，引导与控制 ○ 反思，有方法的塑造，指导，监控，进一步发展学习行为 ○ 组织学习过程 ○ 扮演学习与工作媒介的能力 ○ 社交与沟通能力

经营能力	
能力领域	描　述
创新与使用新技术	——评价教育与学习关于市场及增长潜力的科技能力
商业敏锐（计划、预算）	——这个能力是： ○ 评价管理风险 ○ 评价关于营业额与成本高效益的学习服务 ○ 在市场发展前景的基础上开展战略业务与计划资源
管理相关方	——公共关系与形象管理的相关能力
制定与规定学习方针	——实施现代学习概念与方法的能力；促进个人学习过程，实行多种学习形式
与相关方建立关系网	——识别相关方的能力 ——有系统地发展与相关方合作关系的能力
经营绩效	——这个能力是： ○ 发现需求 ○ 计划提供学习服务的过程 ○ 掌握与检查过程 ○ 判定与评价结果 ○ 决策改进
理解工作变化的本质，比如在社会、科技、工业与政治文化的层面上	——以目标导向的方式分析环境的能力 ——相关能力，比如学习服务提供者持续评估学习因现代化产生的自身环境变化过程的能力
使用科技进行沟通	——选择适当的沟通媒介的能力

经营能力	
能力领域	描　述
致力于机构发展	——这个能力是： 　○ 识别与意识到组织发展的关键过程的能力 　○ 学习服务提供商开发一个特殊优势展示区，其应与行业和区域特性相关联，并使其保持最新 　○ 与机构合作 　○ 及时进行必要的改变
学习组织管理	——了解 POE（Predict，Observe，Explain） ——了解经营与经济的联系 ——了解新科技 ——了解教育政策知识 ——了解相关法律规定 ——组织能力与继续教育的实施与发展 ——确定需求继续教育的能力 ——组织会议与咨询能力

　　ISO 29990 要求使用职位需求档案来评估必要的能力，因此形成了能力与服务、反馈的记录存档。

　　职位需求摘要给予对职工不同需求的信息和需求的不同形式，应单独起草提供服务所必需的每一项任务。职位需求摘要列出提供的服务与每项工作所需的能力和对职工的正式要求（教育、资历、证书以及必要的职业经验）。

　　制作职位档案如图 5 - 5、表 5 - 2 所示。

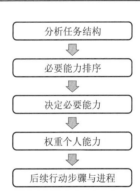

图 5 - 5　工作需求文档的制作

表 5 - 2　创建工作要求档案的样本

任务/工作	必要能力	必需水平		
		低	中	高
培训师				
创建针对组织的培训计划				
• 准确调查培训需求 • 根据组织制订具体的培训计划 • 考虑企业文化 • 准备专门的培训文件	顾客导向，满足顾客需求的能力			√
	分析能力（包括分析相关组织企业文化的能力）		√	
	适应组织文化的能力		√	
	制定目标的能力（达到实际目标规定的能力与技巧）			√
	概念能力与技巧		√	
	估计成本效益的能力		√	
	进行资源规划的能力		√	

69

任务/工作	必要能力	必需水平		
		低	中	高
持续准备与提供培训				
• 实施教学标准 • 不断努力，积极鼓励参与 • 鼓励学员使用最新的学习材料	掌握教学标准		√	
	心理素质			√
	理解与考虑学员的个体差异			√
	适当的计划，控制，评价培训标准			√
展现出富有说服力、权威与平衡				
• 尊重参与者 • 与参与者沟通 • 灵活应对突发事件 • 有能力应对冲突 • 激励学员	说服力			√
	信用			√
	倾听能力			√
	强调能力			√
	情绪稳定			√
	灵活性			√
	适应力			√
	应对冲突的能力（识别与应对冲突、坚持自身立场、必要时退后一步的能力）			√
使用有针对性的措施保证转化				
• 决定转化主题/内容 • 决定转化的接受者 • 决定转化方法与实践 • 决定辅助措施与工具	制定培训过程时考虑转化目标的能力			√
	引导与建议学员与其他相关方的能力			√

5.5　实现资源共享

ISO 29990 要求确保学习资源实现共享。决定性的前提条件是区别描述所需资源来实施课程与比较可用资源，特别是对比目标小组、教育产品，以及相关过程。可用清单、图表、模型等进行比照。大量资源需要学习服务提供者从课程中确定，包括内容、材料、设备、实践。

待验证的资源包括：

- 人员以及资格证明；
- 内容、材料、学习媒介；
- 设备，包括信息技术基础设施（比如网络或电邮接入）；
- 建筑、教室（调整教室使用率等）；
- 教育技术；
- 专业与教育资源、计划活动外的服务；
- 时间资源。

以下工具用于核实学习服务提供者的可用资源，如表 5 - 3 所示。

表 5－3 可用资源证明

待验证资源	工　具	
	分类	内容/要素
人员	认证教师清单	• 姓名、住址 • 批准号码与日期 • 技能水平评价（如使用表情符号）
	教师资历证明	• 姓名、住址 • 职业资格 • 可用执照 • 完成资格测评 • 现有资格的其他证明
	教育与授权矩阵	• 职工姓名 • 要求清单（任务清单） • 个人需求是否适用？（是/否） • 是否详细要求有资格证明？（是/否） • 职工是否有相关需求的培训经历？（是/否） • 上级是否批准？（是/否）
学习内容/材料	文献清单，课堂笔记与学习媒介	• 题目/描述 • 编号
建筑/教室	位置清单与教室容量概况	• 地理位置描述 • 楼层/房间号码 • 面积以平方米表示 • 计划用于……（描述措施/项目） • 其他相关信息
	筹备教室清单 （依照 AZWV 要求）	• 培训中心的证书是否被相关监管部门批准？ • 合理构建学习环境： ——每位参与者合适的地点编号 ——电脑网络的接入 ——课间休息的机会 ——吸烟区 ——一对一教室 ——卫生设施 ——工作间 ——照明设备 ——人体工学设施 ——技术设备
设备	设备/技术设施清单	设备/设施质量与适当性： • 投影仪 • 空中投影仪 • 黑板 • 活动挂板 • 电脑 • 软件 • 额外在线学习设备（如需要） • 实践设备

待验证资源	工 具	
	分类	内容/要素
教育技术	新型教育与学习技术的组合	收集有效方法与技术，能力证明与材料资源，在组织与构建的信息技术支持下的教学过程： • 学习平台 • 网络 2.0 技术 • 目标管理系统 • 虚拟课堂 考虑到特定情况（必要时），能力证明与材料资源
辅导	清单	辅导能力证明（辅导学员的学习与材料）： • 辅导要点 • 目标观念 • 辅导员（姓名，已证明的能力资格） • 时间 • 教室/房间
时间	课程 日程表 使用计划 操作日程表等	

5.6 构建学习服务

5.6.1 决定目标与学习服务范围

必须以透明化和易理解的方式设置目标与学习服务范围，尤其应考虑以下因素：

——相关方需求。

——潜在学员"学习前提条件"（专业与各科能力，尤其非母语语言知识与技能）。应以可检验的方式进行水平测试，以确保语言能满足专业知识这个前提条件。

——科目的方法与基于内容的要求。

——提供学习服务所需的时间投入。

——学习成果证明和所要求的形式（学位证或其他证书）。

在此基础上描述渴望达成的目标与结果，巩固与发展学员逐渐学会扮演中心角色的能力。

学员以网格图的形式总结其发展能力和必需水平，此网格图描述了相关能力、主要资历、基本能力和必要水平。

5.6.2 选择支持与监督学习转化的方式

从转化学习到提供学习服务的重要性应把握在一个合适的水平，应当对知识的转化计划与提供可验证的方式。内容与转化的过程和辅导员与目标个体应被确认与记录存档。以下问题可用于此：

学习转化的主要问题：

（1）转化的内容是什么？

（2）哪些学员是转化的对象？

（3）潜在的增加者是谁？

（4）学习转化如何发生？

（5）什么材料有助于学习转化？（比如学习内容记录归档、手册、课程表、传单）

（6）学习转化的时间表是什么？

（7）目标个体需要什么条件/资源使得学习转化有意义？

（8）谁来负责监控与评价学习转化？

5.6.3　课程计划

列出目标与结果，学习服务提供者必须制定与记录课程。

作为此课程工作的结果：

- 学员应清楚了解到学习服务提供者的作用，这有助于学员自主计划学习过程。
- 学习服务提供者应有扎实的基础，了解如何计划、实施、合作与评价课程。

课程应达到以下要求：

- 学习目标；
- 学习内容；
- 课程建设；
- 教学方法与形式；
- 学习资源；
- 评价手段。

注意学员的个体学习需求，学员参与小组与独立学习的可能性。

除此之外，课程中明确规定学习服务提供者和相关方的职责。

在学习过程中积极鼓励学员参与学习，是一种支持课程运行的有效工具。学习任务应包含：

- 学习课程；
- 作业；
- 预计时间；
- 材料，媒介与工作形式；
- 描述每一项作业内容。

5.7　实施开展学习服务

根据 ISO 29990 对于提供学习服务本质的关注，作为教学过程列出实施学习服务的标准是很重要的，此标准可作为教学质量的标志。

因此学习服务提供者应酌情观察与应用表 5-4 中的指导方针。

表 5-4　清单——指导方针与规定的质量标准

质量标准	用于评价学习完成成果的问题
参与者定位	参与者学习方式与偏好的不同是否被观察？ 是否考虑到每位参与者的已有知识、工作情况与学习经历？
真实性	是否提出真实的学习问题？ 学员是否使用到了日常与专业的经验？ 是否深入了解学员的学习情况并使学习变得与学员自身紧密相关？
激发兴趣	如何激发参与者的学习兴趣？ 是否系统培养了参与者的学习意愿？

质量标准	用于评价学习完成成果的问题
合作	是否促进了学员之间的合作？ 是否进行了小组活动？ 学员之间的合作与交流是否有助于经验与知识的交换？ 在合作过程中学员独立解决问题的能力是否得到锻炼？
多样性	学习内容是否联系到不同情境并得到交流？ 学习内容是否促进了信息多样性的收集、运用、复制？ 学习媒介是否作为认知工具在处理复杂问题？
多视角	学习过程是否允许多视角看待问题并能促进获取知识的灵活性？
自主引导	学习是否给学员个体策略留有余地？ 是否促进了学习能力与个体学习责任？
自主管理	学习是否促进了学员的独立自主性？ 是否创造了自主管理学习的空间？
联系知识与实践	学习是否促进联系所学知识与学员的实践活动？ 是否检验了知识的可适用性？ 学习是否加强了学员的行动与实践活动特征的能力？ 是否能够获取经验？
目标导向	学员是否认可具有吸引力的学习目标？ 是否进行反思以增加并突显了专业、社交与个人能力？
转化基础	学习是否有助于应用知识作为行动能力中主要因素的发展？

5.8　监控——评价与指导学习

监控的重要手段是收集与评价学员对方法与资源的反馈和达成学习目标的效率。很明显，学员的反馈是评价学习过程的内部因素。

采用合适的形式包括参与者回答问卷。

样板：

参与者对课程/提供者的评价

（1）课程提供者是谁？

（2）课程缩写/号码是什么？

（3）课程的时间长短是多少？

（4）课程的内容是什么？（知识，技能）

（5）其他/进一步的技能是否得到交流？

（6）是否给参与者颁发证书？

（7）用学校成绩作为评价资格的手段。

（8）实习细节：

a. 提供者、时间长短、地点与职责。

b. 是否出具实习报告？

c. 用学校成绩评价实习。

（9）是否保存其他协议？（如工作时间、假期、工作安全）

（10）你如何评价提供者的技术设备？

（11）你如何评价提供者所在的机构与主办组织？

（12）你如何评价提供者的职工与主办组织的职工？

（13）学员如何获得提供者支持的就业机会？

（14）你估计此课程对大众是否有实际的价值？

（15）此课程是否使学员自身受益？

5.9 评价学习，学习服务与机构

5.9.1 评价学习

评价学习的合适形式包括学习过程和学习成果。学习过程与成果证明通常以期中测试、家庭作业与考试的形式进行。使用符合实际的测试方法是很重要的，核实手段与方法包括演示、项目工作与评价。

5.9.2 评价学习服务

学习服务应根据教学与机构标准进行评价。由课程带头人系统地观察课程，他们的评价是重要的分析方法，可运用到包括教学人员与相关方的提问中。课程观察应以目标导向的方式记录。

评价步骤案例见如下描述：

综述：学习服务评价

教学指导方面

标准：
设立内容/主题优先顺序
  • 内容清晰与即时性
  • 对问题的实际考虑
  • 日常教育的重要性
教学理念
  • 概念的能力关注
  • 学习策略的适当性（鼓励学员积极参与教学内容）
  • 提供不同的互动方式（如激励、学习合作、串联等）
  • 确保学习活动和练习的选择范围
  • 与其他学习形式结合的能力
  • 合适的（功能性的）教学设计与培训项目
  • 学习顺序范围
  • 交流清晰并易于理解
目标小组关注
  • 考虑目标小组的特性（学习习惯、文化背景）
  • 考虑（众多）不同学习类型的偏好
评价/学习过程控制
  • 评价学习活动过程的措施透明化
  • 识别学习过程与形式控制
反馈
  • 促进轻快适当的学习活动反馈
  • 让学员随时决定学习进度的可能性
实施过程的辅助选择
  • 识别支持学员在所有相关问题的选择（如内容、技术、机构）
  • 识别支持形式

续表

接受/相似用法/动机
- 考虑学员的先决条件
- 合作机会的清晰选择
- 鼓励学员积极参与（内容的趣味性，如使用多媒体和图表）

可用技术
- 适当考虑技术设备（透明性、清晰化、可用性）
- 使用稳定媒介

精力投入
- 确保本质与学习活动的平衡关系以及课程目标

组织方面

标准：

综合课程概念
- 在总概念中一体化的资格认可概念
- 综合其他课程

实现
- 措施、输出评价与课程成果
- 决定顾客满意度

扩展课程概念的可能方法
- 更新
- 额外"深化"
- 继续改进

5.9.3 评价学习服务提供者

评价学习服务提供者的主要工具是关键数据与指标系统，此系统的发展与整合应以图 5 – 6 描述的系统化方式进行。

过程指标的构成方法

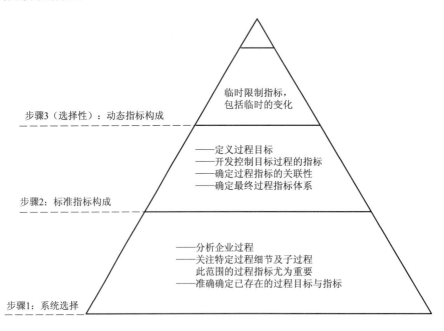

图 5 – 6 过程指标的构成方法

下面的概述展示了如何选择支持学习服务提供者评估的关键数据。

综述：教育机构的标准数据与动态数据

教育机构的标准数据和"动态的"数据包括：

资源

- 材料与财政资源
- 分支机构的数量与规模
- 专业技能与人力资源
- 教学人员与其他职工所占的百分比（包括兼职讲师）
- 职工具有经营业务、跨文化或外语能力的数量
- 目前机构与认证方案

参与者

- 无资格的参与者人数
- 具有普通资格的参与者人数
- 具有专业资格的参与者人数（职业证书/文凭）
- 参与者受教育程度与年龄百分比
- 供应/需求比率
- 近期资历证明/培训合同（根据教育领域与年龄段）
- 移动性（潜在顾客为了使用教育服务要走多远?）
- 所有机构资格项目中，国外参与者的总数
- 国外参与者根据国家/出生地/教育领域划分的百分比

教育过程

输入

- 教育服务与产品的范围与结构
- 提供给每位参与者的材料

过程

- 学术研讨会的百分比
- 新型学习活动的百分比（如在线学习）
- 辅导与其他辅助过程百分比
- 学习场所数量，学术研讨会房间数量
- 涉及的学习步骤数量
- 教授学时
- 每一类型学习教授数量（课时/辅助学习时间）
- 每班人数
- 与组织的完整产品和服务范围相比，证书和教育咨询服务的数量
- 输出产品百分比（资格项目、证书、教育辅导服务）

输出

- 资格证项目结业率
- 地区与行业认证证书的数量与百分比，机构发放的资格证书
- 获得技能
- 退学率

5.10 适应与优化——根据先前学习过程总结经验以及为继续改进过程做准备（CIP）

为调整、优化和不断改进服务提供，制定了一份清单，其中描述过程的基本要素和说明，同时包括支持过程。这个列表根据 ISO 29990 和 AZWV 中的要求制定。

这些清单应着重于评估以下方面：

- 法律法规；
- 法定要求（工作场所条例与指导、数据安全保护条例、工作站条例）；
- 措施/项目的成本（成本率、合适性、教材费用、工作服、评审费用、特殊指导等）；
- 培训中心；
- 设立教室；
- 教育辅助材料；
- 总结与评价就业市场相关数据；
- 总结与评价顾客需求（公司、机构、就业机构中心、学员个体）；
- 建议、申请、实施与评价学习服务（与相关方洽谈、修改建议书、整合课程与建议材料、相关方的反馈信息）；
- 学习人员的资格，参与者对工作人员的满意度；
- 内部评审；
- 纠正和预防措施。

6 认　　证

6.1　概述

本章介绍认证的意义，以及如何获得认证。这是一个实用指南，介绍如何"符合 ISO 29990 认证"项目及成功推行其管理体系。

假如一个组织没有进行管理体系的认证，也没有实施有效的质量管理体系，如果一个管理体系已经自然存在，并且得到有效执行，那么相应的项目步骤可以省略。

6.2　为什么认证？

根据 ISO 29990 标准导入质量管理体系，具有多项优点：通过有计划、结构化和监控运营过程，实现长期成本节约，更有效地利用人力资源和加强服务的吸引力。同时也有与其相关的其他优点，在开发、准备过程中和服务结束后以顾客为焦点，为职工和顾客增加透明度，提高服务质量、系统性的评价、能力的开发、推动个人和全员参与到变化的过程和国际市场中，学习服务提供者提供跨国界的可靠性和诚信服务，完善学习服务评价标准，改善学习环境和资源可用性。致力于持续改进，保持长期合作的顾客、职工和投资者得到满意。质量管理体系有助于打造组织的长期生存能力，使之基业长青（见本书 1.4 节）。

认证是一个符合性的评价，基于策划、系统和通过第三方审核验证其满足 ISO 29990 标准要求。也可以由学习服务提供者自己进行内部审核（见本书第 4 章表 4－1 中第 4.9 部分）或基于合作方对学习服务者的要求，进行第二方审核，例如发起人或协会组织。

相比第一方审核和第二方审核，第三方审核机构和审核员具有独立性。第三方认证是确认其质量，并完全独立于利益相关方，这也是学习者、顾客和学习服务提供者之间建立信任关系的重要因素，也是学习服务提供者与没有通过第三方认证的学习服务提供者的区别。

当考虑第三方认证时，学习服务提供者必须权衡两个因素：一方面，第三方认证与内部审核相比需要更多的成本、更多的时间和准备工作；另一方面，必须考虑与认证的相关优势，除了通过第三方认证提升了形象，还必须考虑外部审核员提供的过程优化的建议。

随着竞争加剧，进一步说明认证理由，包括：顾客的需求、法规和规章的要求。

> 关键问题是："优势大于所需的努力吗？"如果你对这个问题的回答是肯定的，那么认证是有意义的。问题在于，在回答这个问题时，我们常常先看到劣势（努力），然而优势在经过一段时间将消失。因此，决定权在于管理者。

6.3　谁来认证？

选择认证机构的关键是信誉和市场接受度。ISO/IEC 17021 列出的原则，基于可信的认证基础上。建立信任的原则包括公平性、有能力、开放性、保密性和开放性的投诉[3,P.10]。学习服务提供者应该清楚自己和认证机构的关系，基于标准，在建立合作前，需要建立信任关系。

认可是建立信任的一种方法。认证机构可以用它来对市场和顾客证明自己的能力（是自愿的，不是规则要求）。认可是由一个独立的第三方评审，并基于认证机构满足管理体系（ISO/IEC 17021）的要求。监管机构定期检查认证机构，以评估管理体系、审核员和管理人员的能力。认证机构之间的对比，在认证行业中建立基本的信任。

> 认可的关键：认证机构必须获得认可机构的认可。这将确保所选择的认证机构是定期被监管和评审的，这可使认证产生信任。

在欧盟，认可是认证机构的首选方法，以证明认证机构的能力。自 2010 年以来，成员国中每个国家只允许保持一个认可机构，它们必须确保这个机构的客观性和公正性[34]。在德国，因此成立了一个新的国家认可机构 the Deutsche Akkreditierungsstelle GmbH（DAkkS）。DAkkS 股东有德国联邦共和国、联邦州以及联邦德国工业协会（BDI）。

DAkkS 通过一个既定的流程，来评估一个认证机构是否具备按照标准提供产品和服务的能力。认可机构也因此称为合格评定机构。

只有通过 DAkkS 批准的组织被允许进行认证服务。它对认证机构有严格的监控，以此确保认证机构持续获得认可。DAkkS 对被认可的认证机构颁发认可证书，上面有描述被批准的类型及范围。可以通过访问 DAkkS 网站找到批准的认证机构名录，此名录中的认证机构即为被认可的认证机构。同时在 DAkkS 数据库中的认证机构是独立的、被批准的、提供所需的认证服务。

> 关键的问题：哪个认证机构适合我的组织？你可以在 DAkkS 数据库中找到答案。所有被认可的认证机构罗列在名录里，并说明它们获得批准了哪些认证标准。

对于一个新标准如 ISO 29990，在认证机构被认可前，它通常需要一些时间证明其符合国际标准。DAkkS 是从 2011 年 8 月开始，标准发布不久后接受认证机构的认可申请，符合要求的将得到认可。从此时开始，通过认可的机构进行合格评定将成为可能。ISO 29990 成为认证认可中的教育和培训行业的唯一的行业管理体系。

当认证机构没有获得认可，学习服务提供者应从下面几点来考虑选择认证机构：

✓　认证机构是否能证明具有 ISO 29990 的能力，包括有效的认证流程？

✓　审核员是否具有 ISO 29990 相应的能力？

如果这些问题的答案都是肯定的和充分的，即使这个认证机构没有获得认可，在这个过渡期间，学习服务提供者可假定这个 ISO 29990 认证机构是可信赖的及市场可接受的认证机构。

认证机构必须有一个过程来确保有效的审核。包括使用审核组长和审核员具有的相应的知识和技能进行审核，以及在特定专业领域有相应的知识和技能进行审核。这个过程必须定义和文件化。

选择合适的审核员对于一个成功的审核和在审核员与学习服务提供者之间建立建设性的信任关系至关重要。审核员的能力也非常重要。审核员应有专业的行为及必须遵守道德准则、利益冲突回避原则（审核员不能给被审核方在审核前 3 年内提供独立服务）。

此外，审核员应具备管理体系的知识和技能、行为准则和行业知识，获得 ISO 29990 审核员资格认可。ISO 29990 要求审核员具备财务管理系统知识。作为一个专业的审核员还需要具备管理层知识。

ISO 29990 内部审核员候选人应符合以下申请准则：具有 3 年以上从事教育和/或培训专业工作经验。

ISO 29990 第二方审核员候选人应符合以下申请准则：具有 3 年以上从事教育和/或培训专业工作经验，另具备教学小组长或以上职务 2 年以上教育和/或培训管理经验。

ISO 29990 第三方审核员候选人应符合以下申请准则：10 年以上工作经验，其中至少有 3 年连续从事教育和/或培训行业管理工作经历。

（注：师从教育系统的教育和/或培训经历等同教育和/或培训的工作经历，如传统手工艺等中国传统文化类）。

6.4 从导入管理体系到认证

很难计算从导入管理体系到认证需要多长时间。

以下是常用的时间表和相关内容（见表 6 - 1）。

表 6 - 1 管理体系导入步骤和持续时间

项目步骤的描述	持续时间	累计时间
导入阶段：所有的职工信息，列出管理体系，导入所需的投入和收益、范围、目标、期限，责任——制订项目计划	两周	半个月
分析阶段：建立一个质量小组，收集内部过程中所有有用的信息和质量要求，发掘与 ISO 29990 要求有关的薄弱环节	一个月	一个半月
概念阶段：定义质量手册的架构，描述组织的方针，设定目标，识别过程，描述过程图，对人员培训	一个月	两个半月
文件化：起草过程描述，建立特定领域的质量管理系统，同时建立一份管理手册	两个月	四个半月
测试阶段：实施质量管理体系，在过程中监控和测试系统，进行必要的调整	两个月	六个半月
内部审核：进行管理评估、内部审核，做出必要的调整	一个月	七个半月
认证：准备和完成外部审核	两周	八个月

若要达到预计的推进目标，必须得到高层管理者的支持，这意味着提供必要的（雇员的时间）和有效的财务支持。

此列表是基于经验和中型的学习服务提供商。根据服务的复杂性和组织的规模（特别是具有多分支机构），所需时间必须进行相应的调整。

6.5 认证

6.5.1 审核方案

管理体系的认证过程是基于共同的原则。它们是基于 ISO/IEC 17021 中描述的对认证机构的要求。这些要求的目的是确保认证机构在进行管理体系认证过程中保持应有的能力并公平公正。这也说明这些机构具有国家和国际水平[3,P.6]。

联合认证，例如 ISO 29990 和 ISO 9001，在认证过程中反映了不同管理过程的兼容性。参见

ISO 29990 的附录 E 的对照表。

ISO/IEC 17021 的要求，审核方案在认证审核中必须包含两个阶段（文件评审和管理体系评审），之后第一年和第二年需要进行监督审核，第三年换证审核在证书到期前进行。审核所需时间受被审核方组织人员数量影响，详情可参照表 6 - 2。

表 6 - 2　组织有效人数与审核时间之间的关系

组织有效人数	首次认证	监督审核	再认证
	审核时间/人天	审核时间/人天	审核时间/人天
1 ~ 5	1.5	0.5	1.0
6 ~ 10	2	0.7	1.3
11 ~ 15	2.5	0.8	1.7
16 ~ 25	3	1.0	2.0
26 ~ 45	4	1.3	2.7
46 ~ 65	5	1.7	3.3
66 ~ 85	6	2.0	4.0
86 ~ 125	7	2.3	4.7
126 ~ 175	8	2.7	5.3
176 ~ 275	9	3.0	6.0
276 ~ 425	10	3.3	6.7
426 ~ 625	11	3.7	7.3
626 ~ 875	12	4.0	8.0
876 ~ 1 175	13	4.3	8.7
1 176 ~ 1 550	14	4.7	9.3
1 551 ~ 2 025	15	5.0	10.0
2 026 ~ 2 675	16	5.3	10.7
2 676 ~ 3 450	17	5.7	11.3
3 451 ~ 4 350	18	6.0	12.0
4 351 ~ 5 450	19	6.3	12.7
5 451 ~ 6 800	20	6.7	13.3
6 801 ~ 8 500	21	7.0	14.0
8 501 ~ 10 700	22	7.3	14.7
>10 700	23	7.7	15.3

审核方案和它的任何额外的变化，必须考虑学习服务者的组织规模，以及所申请的具体领域、管理体系的复杂性、学习服务及管理体系所处的状态和前期的审核结果。

认证机构收集其顾客获得或通过的其他认证或审核信息，例如 PAS 1037 或 AZAV。这些所收集的信息必须是充分的和有效的，以便调整审核方案。

6.5.2　审核准则

ISO 29990 审核准则的要求。

必须客观评估所收集的审核证据，以确定是否满足审核准则。相反，正式审核时，识别潜在的改善项是审核的重要特征。

认证管理体系要求对整个管理系统进行审核，这意味着审核过程是一个抽样的过程。

6.5.3 引用标准

ISO 29990 没有正式引用任何其他标准。本国际标准规定的要求是有效的。

引用不过是指与 ISO 发行许多其他管理系统相似的特点，一般不是一个正式的方式，特别是 ISO 9001[2]。在其他地方，参考了 ISO 9000[1]，和有关文件，如 ISO 15489[5]。

6.5.4 删除要求

ISO 29990 不允许任何删减，只允许在表 6 – 3 中列出不适用。

表 6 – 3 ISO 29990:2010 – 12 可能的不适用

章节	ISO 29990:2010 – 12	解　释
3.1.2 a	资质分析，基于获取的学员相关的教育、培训历史和预先学习情况，包括其已获得的资质和证书；这些信息的获得和使用必须是合法的	唯一需要的信息是关于学习者的资质和证书。其他信息取决于特定的学习者和教学材料
3.1.2 c	在有关和可行时，应向学员提供支持，以使其进行需要的自主学习需求和目标评价	根据个别情况进行必要的调查，这并不构成一个优先限制
3.1.2 e	咨询相关方，确定他们所希望学员从学习服务中学到的技巧、能力及认知，如何应用于与学员任务、职责相关的工作，以及确定赞助者认可的学习服务成功指标	对于相关方，标准有三项要求，其中利益相关方受相关词限制。在每一种情况下，都必须确定谁是有效的利益相关方。这里举例说明有效的相关方，如：一个组织的分包商（赞助商）提供相关的现场实践学习
3.2.1	学习服务提供者应确保学习服务的范围、特定目的和计划的成果，选定后能够满足相关方的需求，同时，将准备使用的学习方法清楚地规定并与任何相关方沟通	
3.2.2	学习服务提供者应在确定和策划学习方法的促进和支持时，考虑相关方，以便确保对学习转化做出合适的评估、监测、评价并适当地文件化	
3.3.3	当学习服务提供者负责提供或者选择学习环境时，学习服务提供者应确保学习环境有利于学习；如果学习服务提供者没有控制学习环境，学习服务提供者应规定学习环境的最低要求	如果学习服务提供者是不负责提供或选择学习环境，这里将不考虑对学习环境的最低要求
3.5.2 b	对个别学习有困难以及需要特别帮助才能达成学习目标的学员，可邀请相关领域的专家参与	学习服务提供者有责任评估所需的学习支持及决定是否由专家支持
4.4	必要时，学习服务提供者应采取行动消除不符合的原因，以防止其再次发生	这不构成限制
4.6.1	学习服务提供者应该提供职务说明，指出要求的核心能力，并应按合适的周期评审	标准之前的章节中提到，有效的工作说明必须遵守，这是建议，工作要求文件化并定期评估
4.6.2 b	开发和执行工作人员的管理、评价并反馈其能力与表现的系统 注：这可通过一系列的方法来实施，包括定期的教育和培训活动的观察，以及教练在这些方面的反馈	选择的意思是指由学习服务提供者来决定

章节	ISO 29990:2010 – 12	解　释
4.7	适应时，学习服务提供者应建立执行告知和咨询的程序，用于对工作人员和合作者可能有直接影响的问题，应促进双向沟通	适用时，建立沟通渠道
4.7	学习服务提供者应该提供与工作人员和合作者沟通的机会	建议提供非正式沟通的渠道

所有的附件是作为标准的一个基本信息。附件 A 到 C 考虑到标准应适用于个人培训以及更大的教育机构。因此，财务管理和经营计划的基本要求，以及对于管理体系的评价和预防及纠正措施应考虑每个学习服务提供者的具体情况。这些要求的基本前提，参见标准第 4.2、4.3 和 4.4 节。

信息附录 D 列举了学习服务提供者的关键能力。将其直接引用或作为关键能力的定义不是合适的，由于众多的可能性都被排除在外。这里只是说明必要的专业能力和水平必须达到这些能力，而不是采取此方法就能达到学习的目标。附录 E 列出了 ISO 9001:2008 和 ISO 29990 的对照表，并没有列出任何要求。

所有标准的要求必须是可实现的，同时考虑组织的规模、组织结构的复杂度和学习服务的范围，以及其他因素，以确保适用性。

6.6　文件

6.6.1　概述

ISO 29990 文件的应用和遵守是有效推行标准的一个必要条件。它是保证目标、任务和结果能充分传达给所有的利益相关者的前提条件，包括管理者、职工和其他相关方以及公众感兴趣的成员。该文件确保标准以系统的方式被遵守以及执行程度。文档的增加，将根据顾客和服务方之间的契约关系和内部、外部质量管理体系审核的要求进行。

ISO 29990 标准中仅在部分条款中提到文件化。这些条款包括标准第 4.1 节的要求。

学习服务提供者对于本国际标准要求的符合性应用应形成文件。所有相关人员应方便获取这些文件。应建立程序以确保透明度、准确性、相关性、文档的流通与安全。

学习服务提供者应建立记录程序并符合其合同和法律要求（如 ISO 15489）。访问这些记录时，应依据学习服务提供者所订立的保密协议。

6.6.2　文件

假设文件有效地发挥了其作用，所以文件必须仔细选择和描述。从众多资料中识别重要部分，应注重要点部分以实现确定的目标任务。建议尽可能简化文件。文件可以呈任何媒体形式。

多样化的文件基于文件整体的要求、清晰的架构、可视化的内部关系及其范围、功能和目的。如图 6 – 1 所示。

ISO 29990 要求，下列文件可供使用，作为管理体系的证据：

——文件管理系统（标准第 4.1 节），管理手册的制定通常是为了这个目的，它包含许多文件化的方法，以确保学习服务提供者有效的策划，执行和管理其过程；

——证明应用和符合 ISO 29990 的要求（第 4.1 节）；

——按照 ISO 29990 第 4.2 节和附录 A 制订现有的经营计划；

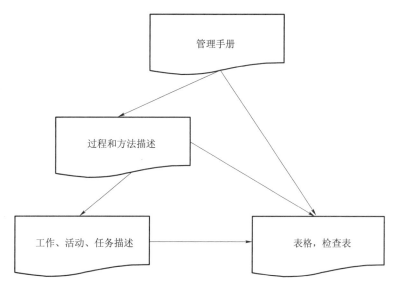

图 6-1　描述管理系统文件金字塔

——按照 ISO 29990 附件 B 和第 4.3 节文件化地评价现有的管理体系；

——文件和证据说明财务管理系统是适用的和有效的，符合 ISO 29990 第 4.5 节的规定；

——文件和证据说明风险管理系统符合 ISO 29990 第 4.5 节的规定；

——按照标准第 4.9 节规定的内部审核建立文件和有效的审核方案；

——按照标准第 4.9 节的规定建立文件和证据，对内审进行策划、执行和评价；

——按照标准第 4.10 节的规定建立文件和证据，反映投诉和反馈。

此外，在"学习服务"一章，要求列出对管理体系有效性评价中的重要的基本文件清单：

——按照标准第 3.2.3 和 3.5.1 节建立文件化的方法、目标和范围的评价；

——按照标准第 3.1 节的要求做必要的学习需求分析；

——按照标准第 3.2.3 节的要求提供课程或教育服务。

保留必要的执行要求的证据。可能包括下列文件：

——访谈记录；

——考试，检查和评价的记录；

——反馈表；

——培训和课程出席证据；

——特殊事件当时状态的照片；

——电子版的结果清单，等等。

管理文件的过程和方法的有效性的证据，这些文件必须：

——被存储；

——被标记；

——被保护；

——被定位。

保存期必须确定，该证据的有效性必须确保。当质量管理体系有效实施被确定时，这些证据文件应保持。

6.6.3　管理手册

管理手册是在图 6-1 中描述的文件的顶层。这个架构适用于所有的学习服务提供者和公司。它的设计和架构可以让利益相关方看到学习服务提供者的质量能力。管理手册基于基本流程和要求建立并应公开，便于新进职工和现有职工获得新的职责时进行查询和熟悉。它也是一种培训资源。

管理手册满足 ISO 29990 的要求，应包含以下内容：

——管理系统的范围；

——学习服务提供者的愿景；

——质量方针和目标；

——高层管理者的责任和义务；

——描述关键人员的责任（例如，总经理、部门主管、项目负责人）；

——ISO 29990 要求推行的步骤；

——考虑法规、官方和/或顾客的要求；

——职责范围（服务范围）；

——组织的顾客群；

——组织架构与流程；

——过程质量和过程之间的相互作用（过程图）；

——概述过程描述（过程和方法的描述，工作、活动和任务描述等）；

——管理体系相关的文件和文件化的证明。

手册要求得到学习服务提供者最高管理层的审批。它必须包含一个有效的日期和/或修订日期和发行人名单。为了工作和变更过程得以有效实现，组织必须实施良好的文档结构（质量手册和相关文件）。这意味着文件的内容必须在不影响文件之间的结构时被修改。

管理手册是管理体系文件的一个重要组成部分。其在审核前发给认证机构，并由外部认证机构进行检查和评价。

6.6.4　过程和方法描述

过程和方法描述可以是管理手册的一部分。这些描述可能在手册中大量体现。过程和方法往往比基本原则在手册中变化多。这些变化将导致手册的变更。这也就是说文件化的过程和方法分开，因为手册往往会提供给相关方，包括潜在的顾客。这就意味着泄露专业技术。

当对过程进行描述时，应考虑下列因素：

——学习过程对质量的影响；

——进行评估，总结这些评估的结果；

——顾客不满意的风险；

——法律和官方的要求；

——顾客和顾客的要求；

——对职工和成员能力的开发。

有多种方法和工具在文件中描述过程和方法。根据需要和适用性来决定哪种描述形式更符合文件的表达：

——图形描绘（组织结构图、矩阵图、流程图和可视化过程）；

——书面的指引；

——检查表；

——表格；

——电子工具（软件）。

过程描述和开发的使用要求；

（1）过程的描述涉及所有职工，仅由管理层进行修订和批准发行。

（2）为了避免造成同质化（特别是在它涉及教育机构的能力时），一般不公开过程描述；

（3）单个工作步骤可以详细描述在工作指导书上；

（4）产品相关的过程描述应区别于产品独立的过程描述；

（5）如果有多个过程描述，则对这些过程进行分层，例如如果上层的过程描述为基本思路和项目改善（如项目改善的方针），那么下层过程描述项目改善建议。

过程描述的典型结构：

（1）过程的目的和目标；

（2）适用范围；

（3）过程中的角色/职责；

（4）术语/缩写词的定义；

（5）方法描述包括输入，输出和过程关系；

（6）附件：适用文件/更新。

6.7　学习服务提供者什么时候可以认证？

本节旨在提供一个当组织准备外部认证时的概述/摘要。

当准备外部认证时，必须能够回答下列问题：

——是否有文件化的质量管理体系？

——是否有书面的组织方针？

——组织的方针是否考虑到所有涉及的人（相关方）？

——依据组织方针有可测量的目标吗？

——学习服务提供者有文件化的架构图（组织架构图）吗？

——管理者是否评估了目标？（管理评审）

——是否有文件化的过程图？

——所有的过程要求已文件化了吗？（过程描述）

——组织的活动与过程描述符合现状吗？

——活动和过程有文件化的证据（证明文件）吗？

——所有的职工都熟悉质量管理体系和根据过程描述工作了吗？

——质量管理体系定期内部检查（内部审核）了吗？

——结果显示实际的实施过程和过程描述有很大偏差吗？

——有持续改进的过程（CIP）吗？

6.8　认证的过程

认证的过程（见图 6 - 2）ISO/IEC 17021[3]进行了全面规范。本节中的描述引用此国际标准。

（1）认证通常开始于建立联系和交换信息。认证机构会询问申请者的管理体系目前的基本情况，并列出认证要求清单。标准 ISO/IEC 17021 第 8.6.1 节定义了所需提供的信息要求[3,P.32]：

——认证活动的描述；

——认证的规范要求；

——提交认证费用，其分为：首次认证和监督认证；

——顾客必须履行认证要求；

——获得认证顾客的权利和责任；

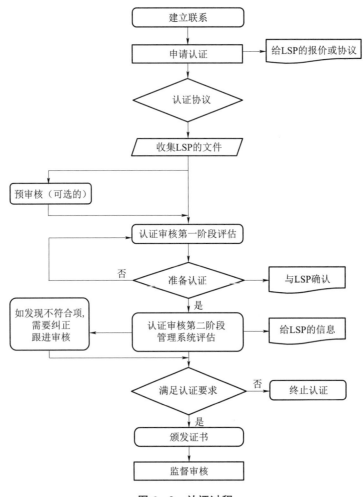

图6-2 认证过程

——处理投诉和申诉的过程。

（2）在此基础上，学习服务提供者提交认证申请（通常被认证组织有一份接受的报价）。学习服务提供者必须向认证机构提供所有相关的认证信息。这包括以下几点，在 ISO/IEC 17021 第9.2.1 节中有描述[3,P.38]：

——认证的适用范围；

——申请组织的通用信息，包括组织名称、地址、地理位置、过程和活动的重要因素，以及所有的合法证据（如资质证书）；

——组织申请认证的范围，基于它们申请认证的业务活动，如人力、技术资源、与集团的关系（如果此情况存在）；

——可能会影响到符合标准要求的组织的其他过程信息；

——满足标准和其他的要求，则组织将通过认证（例如存在联合认证情况）；

——开发和导入管理体系时使用咨询服务的信息。

（3）基于申请，认证机构准备一份认证协议。这必须是一个具有法律效力的协议，覆盖实施和取得认证的相关活动，并适用于当学习服务提供者有多个场所申请认证时。认证机构在协议中可列出一个或多个审核员，通常描述此审核员的简介。学习服务提供者可以自由选择其他的审核员。

（4）学习服务提供者必须根据第6.5节列出文件清单，提供给认证机构。

（5）第6.5节可以选择一次预审核。本次预审核的目的是正式审核的前期评估，以便组织做出适当的更改，预审核额外计算费用。

（6）管理体系的初次认证审核必须包括两个阶段：第一阶段和第二阶段。第一阶段审核的主要目的是检查第6.5节所列文件，还需要检查已策划和实施的内部审核和管理评审。另外，学习服务提供者的特定场所被评估，基于审核员与相关职工的面谈来确定是否可以进行第二阶段认证审核。因此，第一阶段至少有部分审核必须在学习服务提供者的现场进行。审核的目的是收集学习服务提供者的基本信息、其对 ISO 29990 要求的理解，以及目前管理系统的状态。审核过程中的发现项，可能在第二阶段升级为不符合项。

（7）在认证审核第一阶段报告中要得出这样的结论：根据 ISO 29990 要求，基于现有认证的基本条件，推荐进行认证审核的第二阶段；或根据 ISO 29990 的要求存在问题，在这种情况下，学习服务提供者将要实施的整改。如果整改不充分，那么认证过程将被终止。一般来说，应该有充分时间在一阶段和认证审核之间实施改进方案。

（8）认证审核的第二阶段的目的是评估管理系统的实施与有效性，这是在学习服务提供者的现场进行。审核计划的审核员和审核时间提前得到被审核方确认。范围取决于学习服务提供者的规模（职工的数量、场所数量、教学设施等）

ISO/IEC 17021 第9.2.3.2节列出审核范围的最低要求[3,P.42]：

——符合管理体系标准所有要求的信息和证据，以及其他相关标准的文件得到评审；

——根据关键绩效目标和规定对服务、测量、报告进行监控（符合 ISO 29990 的要求和其他规范性文件）；

——学习服务提供者的信息和证据及其表现符合相关法律规定；

——学习服务提供者的组织管理过程的信息和证据；

——内部审核和管理评审的信息和证据；

——学习服务提供者管理层基本责任和义务的信息和证据；

——标准要求的方针、绩效目标和计划（管理系统的期望或其他规范性文件的应用）、所有适用的法定要求、职责、人员的能力、活动/工作实践、过程、绩效数据、内部审核的结果和结论的信息和证据之间的衔接性。

（9）审核小组必须在第一阶段和第二阶段审核记录和收集所有的信息和证据，以确定审核结果和达成审核结论。

审核结论会在结束的会议上进行说明，包括组织的优点以及不符合项的说明。如果发现有不符合项，必须在一定周期内关闭不符合项，则可通过认证。根据不符合项的整改要求，需要进行针对性的检查或后期的跟进审核。

学习服务提供者是否符合 ISO 29990 的要求，将在审核结束时进行声明，并由审核员初步建议是否推荐认证。

（10）根据审核结果和结论，认证机构决定是否颁发认证证书。认证有效期为3年。

（11）每间隔1年，对学习服务提供者进现场监督审核，监督审核时不需要进行完整的体系审核。ISO 29990 中的一些特殊要求，会每次审核时被审核到，包括第3.5、4.1、4.2、4.3、4.4、4.5、4.9 和4.10节的要求。所有其他的要求可能以抽查的方式进行审核。目标是评估管理体系维持的适宜性、适当性和有效性。根据审核结果和结论，认证机构将决定是否继续维持认证。

当到3年换证时，如果没有进行有效的换证审核，则不能换发新证书。

换证审核应评估 ISO 29990 的要求持续得到实施。再认证的目的是确保管理体系持续的符合性和有效性，以及在认证范围内维持其适用性。

本书第5、6章以及 ISO 19011 附录 C 提供了审核内容的参考。

6.9　什么是审核和如何进行审核?

正如本书第 4 章的内容（表 4 – 1 第 4.9 部分"内部审核"）表述，审核是系统性和独立地评估质量，以及与之相关的结果是否符合标准要求和达到预期设定的目标的相关活动。

审核基于标准要求，也称为审核准则。审核员收集证据以确认事实结论，例如通过询问职工。

认证机构必须确保每个审核都建立审核计划，以便为策划和执行有关的活动提供基础。

审核员通常采用检查表的方法，其中列出了组织必须履行的要求。认证机构通常提供如何进行审核的信息，通常以检查清单/问题列表的形式体现。这意味着组织可以在审核前做适当的准备。

审核过程（除了第一阶段审核）

阶段 1：策划和准备
——确定审核日期
——文件审核和第一阶段审核
——建立审核计划，发给被审核组织

阶段 2：实现（现场审核）
——介绍性的交流
　　○ 欢迎会
　　○ 简介
——基本介绍
　　○ 标准（ISO 29990）
　　○ 结果或不符合的说明、不符合项的级别
　　○ 被审核的地区/部门
——按照标准中描述的相关要求列出要审核的区域/部门
　　○ 地区/部门 1
　　○ 地区/部门 2
　　○ 地区/部门 3
　　○ ……
　　○ 地区/部门 n
——总结交谈
　　○ 结果概要
　　○ 不符合项的发现
　　○ 审核员的观点（推荐）

阶段 3：审核后的活动
——审核报告的编写
——审核跟踪

参考书目

[1] ISO 9000:2005 Quality management systems – Fundementals and vocabulary.

[2] ISO 9001:2008 Quality management systems – Requirements.

［3］ ISO/IEC 17021：2006 Conformity assessment – requirements for bodies providing audits and certification of management systems.

［4］ ISO 10002：2004 and Cor1： 2009 Quality management – Customer satisfaction – Guidelines for complaints handling in organizations.

［5］ ISO 15489 – 1：2001 Information and documentation – Records management – Part 1： General.

［6］ ISO 29990：2010 Learning services for non – formal education and training – Basic requirements for service providers.

［7］ ISO 19011：2002 – 12 Guidelines for quality and/or environmental management systems auditing.

［8］ ISO 31000：2009 Risk management – Principles and guidelines.

［9］ ISO Guide 72：2001 Guidelines for the justification and development of management system standards.

［10］ PAS 1037：2004 Anforderungen an Qualitätsmanagementsysteme von Organisationen mit wirtschaftsorientierter Aus – und Weiterbildung： QM STUFEN – MODELL, DIN, Berlin 2004.

［11］ Anerkennungs – und Zulassungsverordnung – Weiterbildung, 2004.

［12］ Basis – Literatur Lernbehinderten – und Förderpädagogik； http：//193. 174. 11. 180/HPI/ studlit. htm.

［13］ Beutner, Marc； Dionisius, Regina； Kirberg, Silke； Koreny, Katja； Kusserow, Mark； Rehbold, Rolf： LeamART Projektinformation Nr. 5. Evaluation und Transfer in learnART – Das Basis-transfermodell, Köln 2006.

［14］ Beywl, Wolfgang (2004) – Standards für Evaluationen, GeGEval.

［15］ Bundesdatenschutzgesetz, 14. 01. 2003 (BGBl. I p. 66), last change 14. 08. 2009 (BGBl. I p. 2814) .

［16］ Charta der Vielfalt, http：/Jwww. charta – der – vielfalt. de.

［17］ DeGEval Gesellschaft für Evaluation e. V. , http：//www. degeval. de/index. php？ class = Calimero_Webpage&id = 9025.

［18］ DeGEval – Gesellschaft für Evaluation – Standards für Evaluation, Mainz, Juli 2008, 4. Unveranderte Auflage.

［19］ ILMES – lnternet – Lexikon der Methoden der empirischen Sozialforschung, http：//www. lrz. de/ ~ wlm/ilmes. htm.

［20］ International Standard Classification of Education ISCED 1997, Paris.

［21］ iMove – Checklisten – lnternationalisierung von Bildungsdienstleistungen, Version 6/2006.

［22］ iQcheck Guideline for the application of the quality check for international educational services. RKW Berlin GmbH, 1ˢᵗ edition, 2008.

［23］ IT – Verfahren zur Einrichtung und Verwaltung eines QM – Systems nach DIN ISO 29990 – PINHA, http：//www. pinha – gmbh. de.

［24］ LERNEN FÖRDERN – Bundesverband zur Förderung von Menschen mit Lernbehinderungen e. V. , www. lernen – foerdern. de.

［25］ Merk, Richard： Weilerbilaungsmanagement. Bildung erfolgreich und innovativ managen, Luchterhand Neuwied, Kriftel. Berlin 1992.

［26］ Müller – Kohlenberg, Hildegard (2004)： Empfehlungen zur Anwendung der Standards für Evaluation im Handlungsfeld der Selbstevaluation, DeGEval.

［27］ Orzel, Masters' thesis： Erarbeitung einer Methodik für die effiziente Ermittlung von Prozesskennzahlen am Beispiel des Daimler Chrysler Konzerns im Werk Düsseldorf（Nutzfahrzeugsparte），Bergische Universität Wuppertal，2004.

［28］QUALITY GUIDELINES – Requirements for a quality – based design of transnational education on the basis of the QM STAGE MODEL defined in PAS 1037：2004 issued by DIN，RKW Berlin GmbH，2nd improved edition，2009.

［29］Rauner，Felix：Die arbeitsorientierte Wende in Didaktik beruflicher Bildung. In：Busian，Anne/Drees，Gerhard/Lang，Martin（Hrsg. ）：Mensch，Bildung，Beruf. Herausforderungen an die Berufspädagogik（Dortmunder Beitrage zur Padagogik；35），Bochum und Freiburg 2004.

［30］Directive 95/46/EC of the European Parliament and of the Council of 24 October 1995 on the protection of individuals with regard to the processing of personal data and on the free movement of such data，OJ L 281，23. 11. 1995，p. 31 – 50，http：//eur – lex. europa. eu.

［31］Schwaab，Markus – Oiiver Schwaab：Trainerauswahl：Networking System = Erfolg!，Pforzheim – 6. Juli 2006，http：//www. hs – pforzheim. de/De – de/Hochschule/Einrichtungen/Foren – Hochschule – Wirtschaft/Vortragsdownloads/Documents/fakpm16schwaab. pdf.

［32］Übereinkommen zum Schutz Menschen bei der automatischen Verarbeilung personenbezogener Daten，Strasbourg，28. 1. 1981，http：//conventions. coe. int/Treaty/GER/Treaties/Html/108. htm.

［33］UNESCO Guidelines on intercultural education，http：//unesdoc. unesco. org/images/0014/001478/147878e. pdf.

［34］VERORDNUNG（EG）Nr. 765/2008 DES EUROPAÄISCHEN PARLAMENTS UNO DES RATES vom 9. Juli 2008 uber die Vorschriften für die Akkreditierung und Marktüberwachung im Zusamrnenhang mit der Vermarktung von Produkten und zur Aufhebung der Verordnung（EWG）Nr. 339/93 des Rates in Amtsblatt der Europäischen Union DE vom 13. 8. 2008.

［35］Web Content Accessibility Guidelines（WCAG）2. 0（2005），http：//www. w3c. org/TR/WCAG20.

《DIN ISO 29990 实施指南》中文翻译团队的话

　　首先感谢这个时代——中华民族的伟大复兴。创新、协调、绿色、开放、共享的发展理念，是针对中国经济发展进入新常态、世界经济复苏低迷开出的良方。要坚持正确的发展思想、理念、精神、逻辑和方针；格物致知、鉴古通今、研究中外、博采众长，迎接和适应社会持续健康发展。始于教育，终于教育，我们感谢为教育做出贡献的人们，更期待教育与培训的质量管理引导社会各界博采众长、融合提炼、探索落实、自成一家，使教育服务融入新环境、把握新机遇、适应新常态、应对新风险、引领新发展。

　　感谢德国标准化学会（DIN）及《ISO 29990 实施指南》出版商、获得中文版权的香港确利达顾问有限公司！感谢国际标准化组织教育委员会（ISO/TC 232）委员、德国标准化学会（DIN）教育服务委员会主席 Jürgen Heene 先生！感谢相应的中国国家标准界专家、实业界和教育界人士对中文版翻译的支持！感谢翻译和编辑团队！另外特别感谢朱兆毅、陈博、韩紫霞、韩光辉、史慧玲、肖光岩、陈克璇、丁美荣、汪雨和、孙贤奎、陆志辉、陆志信、冯国荣等，在对标准和指南的中文翻译和评价过程中，结合中外文化，在标准的思想和精神表达上，鼓励站在各种类型教育，特别是基础教育、学历教育和成人教育、远程教育和社会上各种培训的角度，从教育和社会结合的需要提供建议。

　　如大众所感知，随着知识和信息全球化的迅速发展，为适应社会发展和提升人们的工作和生活质量，启蒙教育、基础教育、学历教育和技能培训已经难以满足人们的发展要求，终生教育正随着社会的迅速发展、科技进步而不断完善，人们开始自觉构建自身发展的阶段性教育，随之而来的是人的全生命周期的学习需求开始显现、发展和持续改进。学习服务是学习的必然支持和人们适应大量知识教育培训的核心，因此，教育服务的领域、体系、市场、规模将随之不断扩大，人们对优质教育服务的要求在不断提高。然而，面对不断扩大的教育服务市场，对提供教育服务的优劣选择却是莫衷一是。因此，我们感受到建立、推广国际教育与培训的质量管理的评估标准很紧迫，是中国和各国的需求，是科学技术进步助推下的国际化大势所趋。

　　我国教育发展的现状表明，无论是学历教育还是非学历教育或将面临新的发展趋势：

　　一是随着教育领域的拓展、服务市场的扩大，教育作为发展的基础性、前导性、过程支持性和终生性领域，对社会生态、政治、经济、实业等各方面的影响之大为人类所认识，产业国际化、市场化呼声将会越来越高。

　　二是随着全球教育优质资源共享的无国界化，教育服务走出国门，面向世界共享社会发展成果的要求将会越来越强烈。

　　三是学习服务提供者之间的横向对比，为学习者提供了选择学习服务的方便和参照物。

　　四是教育服务提供的专业培训计划与市场人才需求的契合需要充分的市场调查确定学习需求。

　　五是教育培训与生活、生产和社会实践相结合的面需加大，力度有待加强。

　　六是教育服务费用与教育服务质量相联系将成为必然走向。

　　七是教育服务中重知识轻能力、重理论轻实践的局面会进一步改变。

　　八是教育服务管理将是一个过程循环使用、质量螺旋上升的过程，教育服务质量的评价与监控的空间将进一步拓展与延伸。

　　九是诚信办学的制约机制进一步加强，诚信办学将是教育服务的生命线。

当今，互联网、物联网、智能化和微教育化迅速发展，全球教育优质资源共享的无国界化，教育服务为适应新的发展趋势，将会突破现有的教育现状，教学者自主建立可比性的质量管理体系、组织实施提供监督评价和服务机制。而同时，社会对教育服务和教育服务提供者的要求与过去相比，越来越公开透明和呈现不同的诉求。社会办教育将会变得越来越现实，越来越可能。社会、政府和现实的人才市场需求将对此起到推波助澜的促进作用。在全球范围内建立人的全生命周期的学习和学习服务提供者的标杆体系显得越来越重要，这是为什么德国教育界和实业界认可提供 ISO 29990（教育服务质量管理体系）的原因，这套标准将使任何以职业教育为核心向两极发展到全生命周期的教育成为现实。其核心有两部分，一部分是对学习服务的：① 课程如何按因材施教和社会环境的要求去策划；② 如何设计；③ 如何提供学习和学习服务；④ 如何对学习、学习服务提供过程实施监管和监督；⑤ 如何评价学习、学习服务的过程结果和成果，如何评价和持续改进学习服务、学习服务提供者。它是在专业性上提出与实业界不同的要求，国际性策划、实施、检查和处理；持续改进周期性循环的逻辑标准，属于专业性部分，是一个全生命周期性的教育和培训学习服务专业性的评估和循环。另一个部分是对学习服务提供者如何整合资源，领导带头，全员和相关方参与，以及在系统性、战略性和可持续性上提出管理十项要求，是从行政和运行学习服务和过程管理的角度，对学习服务提供者的组织（可以是机构、团体和个人）提出的组织性和管理性要求。这两部分的共同目标是：有教无类，因材施教，合理评估，切合实际，学有所长，学以致用，学而有用，与时俱进。随着社会和科学技术的进步，要不断丰富、提升、改进，甚至是革新和突破教育固有机制和体制，引导、适应和服务社会发展。

ISO 29990 在我国教育服务领域的广泛推行，将成为我国教育和教育服务领域的一种必然需求。

ISO 29990 是什么？ISO 29990 是为教育和培训服务提供者制定的质量管理体系标准。ISO 29990 为高品质和专业的操作模式提供了统一的示范，并为教育服务提供者和其相关方，特别是客户，在概念构思、理想落地和向实施转化，开发、提供过程监管和效果评估，并对教育服务提供者的管理和改进的特定项目方面提供了一个共同的参考点。

ISO 29990 有什么目标？以提高教育领域的学习质量、学习服务质量，教育服务的可比性和透明度，优化教育服务机构的业务流程，提升教育服务机构的组织能力为重点目标，在实现保护受教育者权利的同时，顺应 WTO 和正在准备的 TPP 国际环境，也减少了因采用国家标准进行跨国教育服务带来的歧视和贸易壁垒。

ISO 29990 特点是什么？

——ISO 29990 的核心流程是学习、教学服务。它在对教育服务提供者的具体要求和附加质量措施或指标的基础上可灵活调整。学习服务提供者的职员、学员和其他利益相关者等参与方都是提供教育服务必不可少的组成部分。其主要要求是传递、保持并培养评估人员、员工及其他教育服务提供者的个人工作能力。该项标准认为只有重视认识、理解、引导和指导这一相互连动过程，教育服务提供者才能为学员提供高品质的教育服务；通过反馈机制对教育服务及教育服务提供者的能力进行评估，以达到广泛监测，才有助于学员实现其目标。

——ISO 29990 对管理和质量的核心要求是：管理是一个持续实施的、继承和不断吸收发展的循环过程，在过程的循环中实现质量的螺旋式上升。

——ISO 29990 为语言规范提供了良好基础。该项标准制定并实施与语言相关的标准不仅有助于提升语言培训的品质，并推动国际语言培训行业快速、健康、有序地发展，还能保障学员的合法权益。

——ISO 29990 对教师、学员和其他期望通过学习进行能力提升的客户都是有益的，各团体或个人都希望选择一家既能满足需求，又能拓展能力的学习服务提供者。所以，该项标准在全球拥有众多的用户。

ISO 29990 认证的意义是什么？在教育服务市场中，有众多的教育服务提供者提供类似的学习项目，然而并非所有的提供者都有相应的能力和实际效果。通过认证，将提高教育服务提供者各类方案的透明度和可比性。ISO 29990 不仅对寻找有信誉的合作伙伴有帮助，同时也对教育服务提供者施加影响，确保他们提供始终如一的优质服务，提高组织效率。这正是 ISO 29990 认证的意义之所在。

愿 ISO 29990 在我国的推行为我国教育的改革与发展插上腾飞的翅膀，为振兴民族教育、实现中华民族伟大复兴的中国梦打下坚实的人才培养基础。